孔子式问题解决体系之问题意识构造

史文珍 著

Confucian system approach:
problem construction

经济管理出版社
ECONOMY & MANAGEMENT PUBLISHING HOUSE

图书在版编目（CIP）数据

孔子式问题解决体系之问题意识构造/史文珍著. —北京：经济管理出版社，
2015.1

ISBN 978-7-5096-3577-3

Ⅰ. ①孔… Ⅱ. ①史… Ⅲ. ①孔丘（前551~前479）—哲学思想—研究
Ⅳ. ①B222.25

中国版本图书馆CIP数据核字（2014）第312562号

组稿编辑：杨国强
责任编辑：杨国强　张瑞军
责任印制：司东翔
责任校对：张　青

出版发行：经济管理出版社
　　　　　（北京市海淀区北蜂窝8号中雅大厦A座11层　100038）
网　　址：www. E-mp. com. cn
电　　话：（010）51915602
印　　刷：三河市延风印装厂
经　　销：新华书店
开　　本：880mm×1230mm/32
印　　张：6.125
字　　数：137千字
版　　次：2015年1月第1版　2015年1月第1次印刷
书　　号：ISBN 978-7-5096-3577-3
定　　价：29.80元

前　言

在现今这个日新月异、科技高速发展的时代，我们享受着前所未有的便利和丰富的物质生活，同时面临着很多社会问题。问题的存在不仅有科学技术等客观的原因，其背后还隐藏着人性的、主观的、不可见的原因。为了更好地解决问题，我们在充分注重客观的、合理的、数理的、理性的方法的同时，也要考虑用什么方法解决人的主观的、感性的、人性化的问题，即需要把合理的、客观的、理性的"理"和人性化的、主观的、感性的"情"相互结合，寻找一种"理"和"情"相互平衡的问题解决体系。

为了探讨这种"理"和"情"相互调和的新问题解决体系，本书怀着一种"温故知新"的精神，在影响中国 2500 多年的经典著作——《论语》中寻找解决当今社会问题的答案。

经典之所以为经典，是能为各个时代提供智慧的源泉，提供解决问题的原则和方针。我们现在去读经典也是为了在经典中寻求智慧、答案和方向，从而解决个人问题和社会问题，特别是解决人心的问题。我们如何去理解孔子思想，去读《论语》，如何从《论语》中吸收解决当今问题的智慧，需要我们以创新的视点去读《论语》，重新认识和理解孔子的心。因此，不仅仅是"温故知新"，本书更是怀着一种新的"温故知心"，或者说是"温孔知心"的精神去阐

释《论语》，从而尝试讲述解决当今社会问题的方法。

本书从问题解决和系统管理（System Management）的视点出发，重新整理、分析和归纳了《论语》的 500 章，并将其体系化之后，提出了一套孔子式问题解决体系。孔子式问题解决体系分为五个组成部分，本书的主题——孔子式问题意识构造是其中之一。

孔子式问题意识构造由 5 个要素组成，即志（目标）、仁（个人的社会责任）、知（信息、知识、智慧）、时（时间）、恕（立场）。本书就上述 5 个部分从问题解决和系统管理的角度展开说明。另外，为了方便记忆和加深理解，本书使用了大量图例解释各个概念。

为了更好地理解孔子式问题意识构造，在第一章"序章"里解释有关问题解决的基本知识，提出问题难以解决的原因之一在于事物的模糊性，并指出人的认识方式和问题解决的关联性，以及孔子思想和问题解决之间的相互联系。

第二章"志"解释了目标。我们首先解释了与目标有关的 3 种现象：有无目标；目标方向；坚持目标。针对这 3 种现象提出了 3 种相应的问题意识。在有无目标部分，提出了改善型、加强型和创新型 3 种目标类型，并指出创业成功的秘诀在于能否发现社会现在所面临的问题，并把解决这些问题作为自己的目标。在目标方向部分，提出目标和目的区别的同时，解释了一切"向钱看"思潮背后的根本原因在于重视目标而忽视了事物目的。在坚持目标部分，解释了"道"，即用正确的方法和途径，不断改善、不断追求事物的最佳状态。同时，还解释了"道"和"中庸"的关系，并提出"中庸"是最佳问题解决方法及其结果，即事物在某一阶段的最佳状态。

第三章"仁"从问题解决的视点上解释了"仁"，提出了"仁"

是个人的社会责任（Personal Social Responsibility），并提出了"仁"的8个组成要素（或称为责任区），即"孝"、"忠"、"信"、"礼"、"过"、"敏"、"惠"和"宽"。做到了这8点，就可称为一个"仁者"，即一个有社会责任的人，并提出一个人若想成功就要不断扩大自己的责任区。本章通过日常生活中的事例特别对"忠"、"礼"、"信"、"过"等做了详细的解释说明。

第四章"知"包含知识和智慧等组成部分，通过日常生活中的事例解释在问题解决过程中，没有信息、知识和智慧，就没有问题意识。本章特别强调了孔子的5种智慧，指出我们在日常生活中有这5种智慧才不会迷失于自己的恐惧之中，即"五知者无惧"这一概念。

第五章"时"解释了被称为"时之圣者"的孔子对时间的理解，包括过去、周期、时机、现在、延迟、未来、计划、持续8个方面。本章主要通过8个方面的解释，阐述了因为对时间的不同理解而造成人们对事物所持有的问题意识的不同，特别就创业的时机和成功的机会作了详细分析。

第六章"恕"对孔子式问题意识构造中的立场作了说明，具体包括自己、他人、社会、世界4种立场。立场不同，对事物和世界的认识不同，问题意识也不同。我们分析并解释了如何通过4种立场来认识世界，特别说明了"恕"的双向性，还说明了如何站在他人的立场来考虑问题。

本书并不排斥或反对先人的理解，旨在从不同角度解释孔子思想。正是借鉴了先行研究才能领悟到《论语》和孔子思想的精髓，并感受到它的有趣之处。从问题解决和系统管理角度的理解也受益于诸多先行研究的成果，本书提出的孔子式问题意识构造只是在先

行研究基础上推陈出新的一个尝试。需要特别指出的是，为了帮助读者理解《论语》的例句，在原文的下面附上了现代解释，这些现代解释全部借用了李泽厚老师的《论语今读》中的注解。

另外，本书仅就《论语》讨论孔子思想，不涉及其他记载孔子言行或思想的古籍，所以有一定的局限性，敬请谅解。

史文珍

2014 年 12 月 8 日于新楠莊

目 录

第一章 序 章 ·· 001

问题解决和孔子思想 ································· 001

问题意识与孔子式问题意识构造 ············· 009

第二章 志 ·· 017

志：树立目标 ··· 020

义：目标方向 ··· 028

道：坚持目标 ··· 034

中庸：最佳问题解决 ······························· 039

第三章 仁 ·· 049

孝 ·· 056

忠 ·· 057

信 ·· 061

礼 ·· 068

过 ·· 079

敏 ·· 084

惠 ·· 084

宽 ·· 085

第四章　知 ······························· 091

知识 ·· 100

学习的对象（Whom）和内容（What）·············· 100

时间（When）和地点（Where）····················· 102

方法（How）·· 103

主体（Who）·· 105

障碍（Wall）··· 106

智慧 ·· 108

第 1 种智慧：是否务实 ······························ 109

第 2 种智慧：了解别人 ······························ 114

第 3 种智慧：能否控制 ······························ 116

第 4 种智慧：有无反馈 ······························ 120

第 5 种智慧：掌握时机 ······························ 123

第五章　时 ······························· 125

过去 ·· 126

周期 ·· 131

时机 ·· 133

现在 ·· 139

延迟 ·· 140

未来 ·· 143

计划 ·· 145

持续 …………………………………………………… 148

第六章　恕 …………………………………………… 151

　自己的立场 …………………………………………… 153

　他人的立场 …………………………………………… 162

　社会的立场 …………………………………………… 173

　世界的立场 …………………………………………… 175

参考文献 ……………………………………………… 179

后　记 ………………………………………………… 183

第一章

序　章

问题解决和孔子思想

问题，既是一个我们经常用到的词，也是一个我们最不想遇到的、令人头痛的词。我们日常生活中有各种各样的问题，它无处不在，无时不在。

综观我们身边的各种问题，比如，食品安全方面，出现了"瘦肉精"、"毒奶粉"、"地沟油"等事件。而民生方面，存在医疗、住房、养老等诸多急需解决的问题。此外，还有贪污腐败等社会的价值观失落问题。当然，还有眼下的污染（工业污染、水污染、空气污染）等问题。这些问题都影响着中国的健康发展，影响着中国梦的实现。

为了解决这些问题，大家一直在努力寻找解决方法。但在这些解决方法中，有一些是"头痛医头、脚痛医脚"的庸医式问题解决

方法，有一些是"只见树木、不见森林"，或者是"只见森林、不见树木"的解决方法。还有一些是出了问题才解决，随意且不计后果，或不顾善后处理的，或者路见不平拔刀相助的游侠式解决方法。用这些解决方法解决我们现在所面临的问题，恐怕是捉襟见肘，即便能暂时缓解，却无法让问题得到根治。

没有解决好当今问题的原因之一也许是我们还不清楚问题到底是什么。虽然我们在日常生活中面临着各种各样的问题，但问题的概念、定义、本质到底是什么？词典上虽有好几种解释，但没有统一的本质性的定义。在学术界，对问题的定义有所争议，至今还没有统一的、明确的共识。

比如，在经营管理方面，问题的定义一般都引用西蒙的《经营的科学》的概念，即现状和目标（理想或事物本来应有的状态）之间的差距（见图1-1）。可是，西蒙的概念没有对细节做明确的解释。比如，现状和目标到底是什么样的状态，是客观的，还是主观的，还是两者皆有。因为现状和目标在很多时候并不是一清二楚

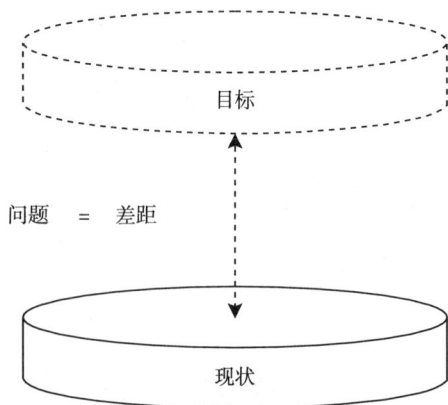

目标

问题 ＝ 差距

现状

图1-1　问题的概念图

的，而是模糊的、不定的。

也许有人会说，世界上很多事物本来就很清楚、很明确的，怎么可能是模糊的呢？在这里想问大家一个问题，一个有关黑和白的问题。

请问黑和白的区分是不是很清楚，是不是一目了然？如图 1-2 所示。

黑 ←—— 界线 ——→ 白

图 1-2　黑和白的界线图

你可能会说，黑白分明，黑就是黑，白就是白，干吗还要问这个问题？

但是，如图 1-3 所示，纯黑和纯白的中间有很多种灰色，或者说黑白相间的颜色，这些中间色很难判断到底是黑还是白。纯黑和纯白仅占其中一部分，黑和白之间是模糊的，黑白的界线是难以分辨的，并不是一清二楚的、黑白分明的。所以对于黑白之间的判断，仁者见仁，智者见智。有些人可能会注重黑的部分，有些人则会更加关心白的部分，也有些人会在意中间的灰色，每个人的关注点可能都不一样。

黑 白

图 1-3　黑和白界线模糊图

其实，不仅黑和白之间是模糊的，世界上的万物又何尝不是这样，就像白天和黑夜之间还有黎明和黄昏一样，健康和疾病之间有

很多种未知病或小病，幸福的人生和不幸的人生之间有无数种平凡的人生。在我们的观念里，主观和客观这两个概念之间也是模糊的，难以分辨的，如图1-4所示。

| 客观 | 自然 | 房子 | 车 | 工作 | 家庭 | 责任 | 幸福 | 信任 | 精神 | 主观 |

图1-4　主观和客观的界线图

因此西蒙所说的现状和目标也同样如此。在现实生活中，现状有客观的和主观的，目标也有客观的和主观的，当然也有它们的中间体。现状和目标往往不能简单地、明确地归纳为其中一方，其中既可能包含客观因素，又可能包含主观因素，如图1-5所示。

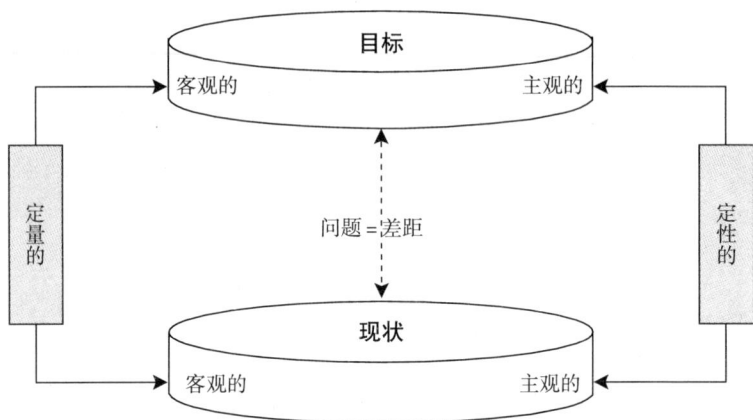

图1-5　问题的整体概念图

但至今为止对问题的重视主要偏向于客观方面，比如经济增长速度、生产效率、销售额、GDP之类。也许这些是可见的、能掌握的、可评价的。比如，把目标定成某一销售额，则现在的销售额和

理想的销售额之间的差距是具体的、清楚的，这个数据很容易说明销售额上存在的问题。因为这样的目标可以标准化、可视化，所以容易操作、好管理，成绩和失败可以一目了然。所以这也是至今为止管理学者常常采用的管理方式或问题解决方法。如果把目标和现状定格在客观的、可见的数据标准的前提下，对于问题这一概念可能不会有太多的疑问。

但是，实际上如果考虑到其背后的"人"的因素，即使是客观、具体的目标，每个人的理解可能也是不尽相同的。比如，一年赚 100 万元这个目标是多还是少，可能因人而异。有些人觉得能赚 100 万元就已经非常满足，但对某些经营者或者高级管理精英来说，100 万元可能不算是一个很高的目标。所以，即便像 100 万元这种具体的、客观的数字，从"人"的角度来看，也与主观有很大的关系。更何况在现实的日常生活中，有很多时候，我们的目标并不只是一个数字。比如我们一直讲要提高服务质量，提高生活质量，追求一种幸福、自由、快乐的生活，或者追求和谐社会的构建。而幸福、自由、快乐却是一种主观的抽象的概念，既不容易用数据和数字来表达，又无法撇开"人"的因素。

然而，传统的问题解决方法往往偏向于客观的、可视的方法，这导致很多既有主观因素又有客观因素的问题得不到彻底解决。在科技如此发达的现代，我们周围依然存在各种各样的问题，可见有很多问题是无法用客观的方法解决的。

因此，为了更好地解决我们现在所面临的问题，不仅仅需要科技，更需要我们去思考问题背后的根本原因和根本解决方法，因为问题背后会隐藏人性的、主观的、不可见的因素。为了解决好问题，我们在充分注重客观的、合理的、数理的方法的同时，也要考

虑用什么方法解决人的主观的、感性的、人性化的问题。这需要把合理的、客观的、理性的"理"和人性化的、主观的、感性的"情"相互结合,探讨一种"理"和"情"相互调和的新问题解决体系。

就解决"人"的问题,中华民族有许多非常优秀的、经典的传统文化和思想。在这些思想中,先人在几千年之前就已经告诉我们该如何生活和思考,如何才能成为一个理想的、幸福的人,如何去解决生活中的各种问题。其中,特别是2500多年前以人为中心、以人与人如何相处为重点的孔子思想历经千年,经久不衰。孔子的思想、智慧不仅深深地注入了中华民族的根,中华民族的魂,而且还对韩国、日本、越南、新加坡等东南亚各国产生了深远的影响。

影响力经久不衰的秘诀在于,为了解决个人问题和社会问题,孔子从人的日常生活入手,以人的思考方式、处世方式、生活方式等为切入口,提出了人的理想形象,即君子(或者仁者),提出了社会的理想状态,即老者安之,朋友信之,少者怀之,而且还提出了如何达到这种目标的方法和途径,如图1-6所示。

孔子的方法和途径并不是高高在上的、抽象的、难懂的教条,恰恰相反,是每个人都能切切实实做到的行动指南。所以这些方法不仅仅停留在道德规范、主观意识、人性情感,还注重实际可行、客观事实、理性思考。

比如,在如何实现自己的价值,如何与人相处,如何面对失败和挫折等问题上,孔子在强调责任、道德、礼仪、信任、忠诚的同时,也注重现实的日常生活、知识、客观规律、效率、效果。孔子思想融合客观和主观、人性和理性,讲究整体的和谐,也正因如此,孔子思想才会代代相传,影响了中国几千年。

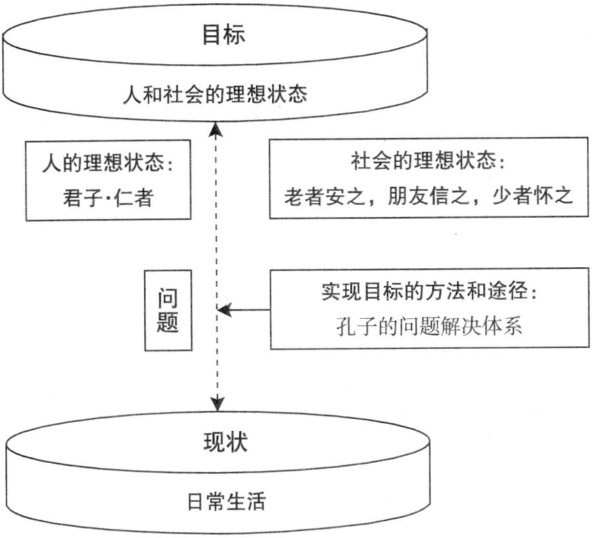

图 1-6 《论语》的孔子式问题解决体系的整体概念图

　　孔子思想主要记录在由 20 篇 500 章组成的《论语》中，《论语》是记录孔子和其弟子在日常生活中的言行和对话等。《论语》的每一章是孔子的一句话或其弟子的一句话，或者是孔子与弟子的对话和问答，还有一部分是孔子和其他人的对话。内容可以说包含当时日常生活的点点滴滴，非常全面，而不是深奥难懂的教条。

　　但是，我们现在看到的《论语》，是经过多位前人的编集而成的。这种编集方式是按照当时的编集者自己对孔子思想的理解而编成的，是在当时社会环境、文化背景下的编集方式，不是按照孔子讲话的时间顺序或某个规则来编辑的，不是按照孔子思想的重要性来编集的，也不是按照思想的范畴来编集的。比如，虽然个别篇章之间有共同的主题，但大部分篇章却没有明显联系，因此有很多学者认为《论语》没有一个统一的主题。

对《论语》的各种注释也同样如此。每个注释者对孔子思想的理解在一定程度上是反映了注释者自己的思想，而不一定是孔子的真正所想。对孔子思想的理解与每个人的观念、时代、背景、理解力、价值观等有关。每个人所处的时代不同，对《论语》的理解也就不尽相同。2500多年来，各个时代按照当时的社会需求展开了各种注经解释，这也就成为那个时代对《论语》的解释和理解，于是儒教也就被尊为国教或受到批评。但这都是那个时代对孔子的理解，并不是孔子的真正思想。然而，我们现在所理解的孔子思想或者《论语》，很大程度上受这些注释大师，特别是朱子的影响。

图1-7　孔子思想和儒学的研究分类

资料来源：根据《20世纪儒学研究大系》整理。

如图1-7所示，在对孔子的传统的理解和解释中，道德、历史、哲学、文化、思想等偏向主观的精神方面一直备受注目，相反，经济、管理等偏向客观的、理性的方面则是近年才开始被重视

起来。这种趋势的变化与时代背景、社会环境、社会需求等有密切联系。当然，再详细探讨的话，对孔子的理解还与每一个读孔子思想的人的视点、背景、专业等有关，角度不一样，理解的内容可能不一样。

虽然每个时代、每个人的视点和理解不一样，但有一点应该是相同的，那就是从孔子思想中吸收营养、能量和动力，从中得到借鉴和参考，以拓宽自己的视野，提高自己的能力，从而解决个人问题和社会问题。

本书从问题解决和系统管理的角度解析《论语》，整理出孔子式问题解决体系。因为孔子立足于现实的生活，为了追求和达成自己的目标和理想，为了解决当时的社会问题，提出了实现目标的方法和途径，提出各种解决问题的方法。因此从问题解决的视点来看，孔子思想本身就是一个问题解决体系，是问题（现状和目标之间的差距）解决的一部经典教科书，本书则是其中之一的问题意识构造。

问题意识与孔子式问题意识构造

每个人都想过幸福快乐的生活，为了过上幸福快乐的生活，我们首先要把自己所面临的问题、问题的真正原因和解决方法找出来，然后把问题解决好以后才有可能实现这个梦想。如图 1-8 所示，为了实现中国梦，我们首先要找出所有的问题，从中筛选出我们现在能解决的问题，然后逐步解决这些力所能及的问题。只有把我们现在所面临的各种各样的问题解决掉，才能实现幸福快乐的生

活和健康和谐的社会，也就是大家的中国梦。在这个过程中，第一步就是找问题，而这并非是一件容易的事。如杜威所说"对一个问题良好的界定，已经将问题解决一半了。"这句话说明了发现问题的重要性和高难度。

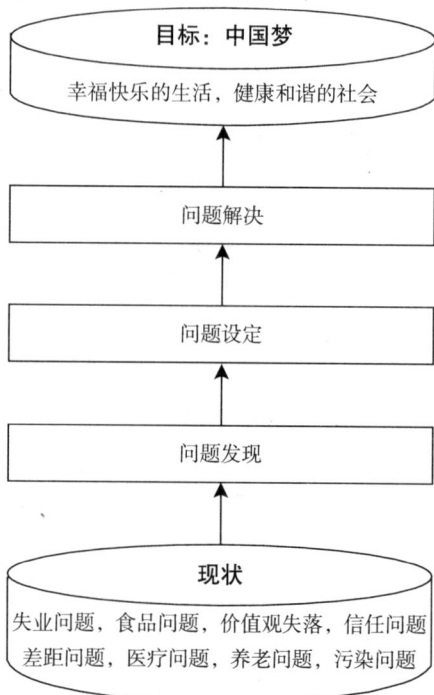

```
          ┌─────────────────────────────┐
          │      目标：中国梦              │
          │  幸福快乐的生活，健康和谐的社会    │
          └─────────────────────────────┘
                      ↑
          ┌─────────────────────────────┐
          │          问题解决             │
          └─────────────────────────────┘
                      ↑
          ┌─────────────────────────────┐
          │          问题设定             │
          └─────────────────────────────┘
                      ↑
          ┌─────────────────────────────┐
          │          问题发现             │
          └─────────────────────────────┘
                      ↑
          ┌─────────────────────────────┐
          │           现状               │
          │ 失业问题，食品问题，价值观失落，信任问题 │
          │ 差距问题，医疗问题，养老问题，污染问题   │
          └─────────────────────────────┘
```

图 1-8　问题解决的 3 步骤

　　为什么发现问题难？在我们的日常生活中，有很多问题并不是显而易见的。就像前面提到的一样，事物往往是模糊的、多面的，而且有一定的深度和广度。事物之间的联系也是不容易看清的，特别是一些抽象的、深层次的联系，而且，我们往往倾向看表面的、可见的东西，却忽视了那些深层的、不可见的东西。

因此，在我们的日常生活中所面临的问题，往往不是清晰可见的。有些问题看得见，有些问题却无法看见。或者我们隐约知道问题的存在，却因为摸不着、看不见而无从下手。

但有一些人却能看得出问题在哪里，问题的原因出在哪里。这如同我们在面对同一种问题、同一种现状、同一种事物时，却有着不一样的态度和看法一样。有人觉得是很严重的问题，有人却觉得根本不是什么问题，甚至认为别人大惊小怪。

比如，我们对于健康的态度或意识可能不一样。从健康的状态到生病的状态，在一般情况下，会经历亚健康状态（即虽然未病，但也不是很健康的状态），然后是小病状态，再到大病状态。在这个过程中，如何对待身体的变化，与健康意识（或者可以说是对健康的问题意识）有关。

按照健康意识（即对健康的问题意识），一般可分为 3 类人，如图 1-9 所示。

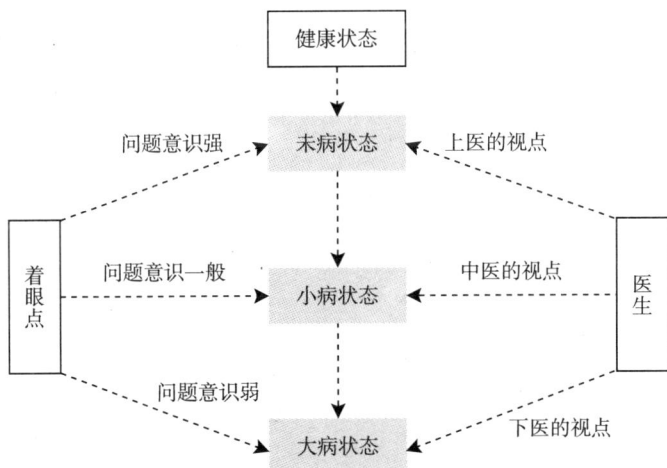

图 1-9　健康意识和医生水平示意图

A类人，这类人知道对自己而言，什么样的生活方式才是理想的、最健康的。如果现在的生活方式偏离了自己想要的标准，就会立刻改变、纠正现在的生活方式，让其达到自己追求的健康标准。或者身体有点不舒服就开始注意健康问题，甚至身体没出现问题时就开始注意身体，向更健康的、更理想的状态努力，这种人的问题意识非常强。

B类人，这类人觉得身体有一点不舒服，认为一点小毛病也没关系，忍一忍，过几天就好。有这种想法的人可能会不太注意身体的一些小变化，或者即使感觉有点不舒服也不会太在意。不过要真生病了也会去医院，这类人的问题意识比较弱。

C类人，他们即使身体已经出问题了，但还是不注意保重身体，自以为自己能熬过去，一直撑到身体难过得无法忍受、病情严重的时候，才关心健康问题，或去医院看病，或去注意身体的调理、保健。这些人的问题意识极差，甚至可以说没有问题意识。

由此可见，不同人对同样的状态有不一样的看法、意识和处理方法，这可以说是一种生活态度。这些意识和态度也可以说是管理身体、处理健康问题的能力。

假如站在医生的角度来看生病以及治疗的问题，如图1-9所示，在传统中医中，有"上医治未病，中医治欲病，下医治已病"的说法。这就是说，医术高明的医生（上医）在人还没有生病（快要生病）时就已经知道隐患和治疗的方法，让他注意饮食、调理身体就可以了，帮人把隐患去除。

而水平差一点的医生要等到病发作、身体不舒服的时候（初期）才看得出问题来，对这些医生来说，未病、亚健康的身体是正常的，是没有问题的。

水平更差一等的医生只有在病情很明显，或症状严重之后，才认真对待疾病，而且要通过化验结果综合判断才能诊断出真正的病因和治疗方法。对这些医生来说，身体还是未病或小病时不是问题。医生的问题意识（水平）不同，对待病情的态度和处理方法也不同，其效果也自然而然迥异。

从这个角度来说，在身体状况发生变化的各个阶段，能在变化中看出问题并能提出治疗方法，这种问题意识其实就是一种能力。

疾病是客观存在的事物，为什么面对同样的病，却有不同的治疗意识或者说主观认识？原因可能有很多，在这里主要探讨客观存在和主观认识的原因，如图 1-10 所示。

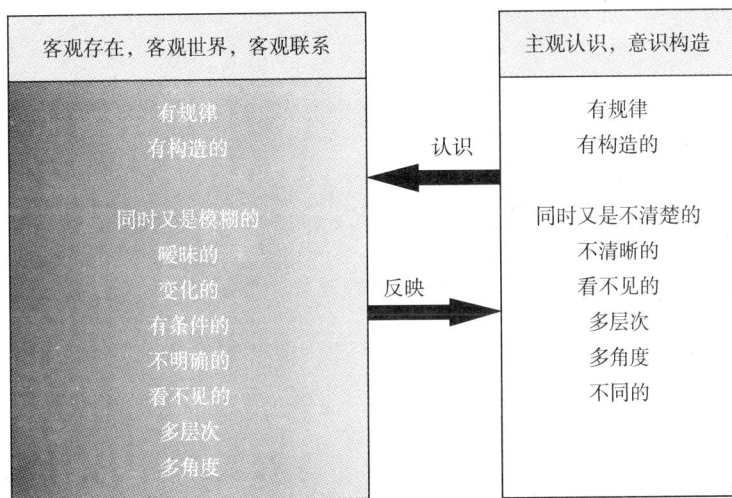

图 1-10　客观事物和主观意识的关联图

一方面，我们在日常生活中所面临的事物以及事物之间的联系规律和构造是一种客观存在，但它们在一定程度上看上去又是模糊的、暧昧的、抽象的，在很多时候不是一目了然的，而且是多角

度、多层次、可变化的。

另一方面，我们在认识这个世界、认识某个客观存在时，我们的认识是主观的、因人而异的。因为每个人的着眼点、注重点不一样，构造、深度、广度也不一样，所以结果也不一样。因此，可以说，人的主观认识是多层次的、模糊的、不确定的、因人而异的，这是由每个人的意识构造、思维构造决定的。

就像牛顿看到苹果落到地上而发现了地球引力。在牛顿之前，有无数人看到过苹果掉下来，但没有人想过其原因。也许有人注意到，但却没有能力去深入挖掘其背后的原理。也就是说，地球引力这个规律是客观存在的，但有没有问题意识去认识它，有没有足够的知识去发现它是因人而异的。

也就是说，不是问题不存在，关键是我们有没有掌握问题的规律（事物的规律和构造），有没有意识去认识问题背后的规律和构造。

面对同样的事物和问题，不同的人持有不同的意识构造和不同的思维构造。同样，在解决问题时，面对同样的事物和状况，不同的人会有不同的看法和处理办法。有些人是问题解决高手，他们在问题还没表面化时，就能揣测到后果，并想办法去解决它，就像上医治未病一样，在问题出现之前就能看出问题，并提前采取措施，这样不太费劲就能解决问题。有些人也能认识到问题的存在，但不重视它，觉得只是小问题，还不急，等到以后再解决也不要紧。而对另一些人来说，这只是一种正常状态，根本就不是问题。所以，后两种人的问题意识构造与第一种人不一样。

如何认识这个世界？如何面对现在的生活和现在所处的环境？这其实是一种生活态度、做事方式、一种价值观、一种活法。也就

是说，当你面临某种情况或者在解决某个问题时，你是否有问题意识，你用什么方法来处理，这些其实是一种生活态度。

问题意识是对问题的主观认识或意识，而问题则是我们日常生活中必不可少的一部分。人类生活是在不断解决所面临的问题中不断发展、不断前进的。在这个意义上来看，认识问题、重视问题其实可以说是一种能力，一种解决问题的能力。

因此，我们如果想要提高解决问题的能力，必须先提高自己的问题意识，而要提高问题意识，则应先搞清楚问题意识的构造，即影响问题意识的因素和条件是什么。为了搞清楚问题意识的构造，要先理解人们的思维方式。

每一个人都有自己的思维方式和意识构造。解析问题意识首先需要选择一个能作为标准的意识构造。没有标准，就无法去衡量和评价某人的意识构造。就像在温度计没有发明之前，温度是可以感觉到的，但是看不见。温度计发明之后，就可以清楚地知道温度的高低，然后按照需求去调节温度。

说到人的标准，不得不提到历经千年在世界范围内很有影响力的万世师表——孔子。孔子的为人处世原则和行为方式，以及其事物的思维方式和评价标准对中华民族影响深远。孔子思想提出了人的标准形象："君子"或"仁者"，以及社会的理想状态，这个标准就包含了孔子式问题意识构造。

因此，我们从问题解决的视点出发，重新整理、分析和归纳了《论语》的500章，并将其体系化之后，提出了孔子式问题意识构造。孔子式问题意识构造由5个要素组成，即志（目标）、仁（个人的社会责任 PSR）、知（信息、知识、智慧）、时（时间）、恕（立场）。这5个组成要素不是静止的、独立的、不变的，而是相互

作用、相互联系、相互依存、你中有我、我中有你，是变化的、动态的、系统的，它们影响我们对事物的认识和思维，如图 1-11 所示，本书就上述 5 个部分从问题解决和系统管理的角度展开说明。

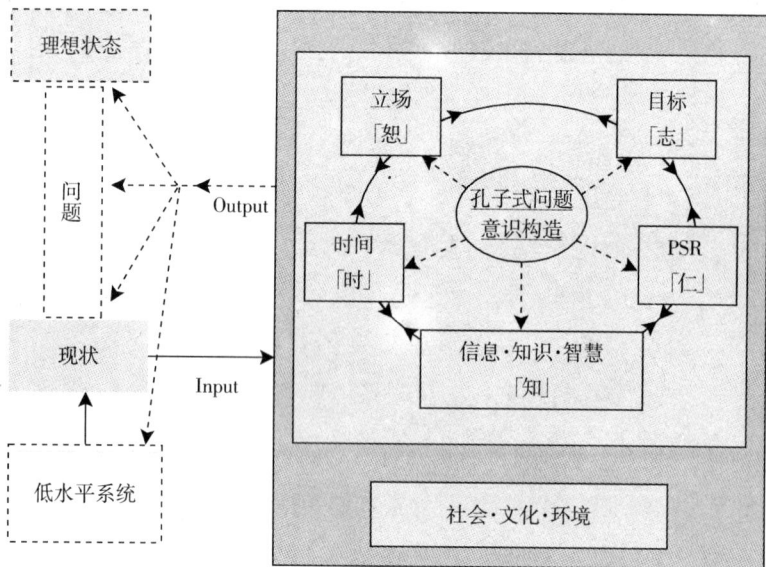

图 1-11 孔子式问题意识整体构造图

第二章

志

子曰："吾十有五而志于学，三十而立，四十而不惑，五十而知天命，六十而耳顺，七十而从心所欲，不逾矩。"

（孔子说："我十五岁下决心学习，三十岁建立起自我，四十岁不再迷惑，五十岁认同自己的命运，六十岁自然地容受各种批评，七十岁心想做什么便做什么，却不违反礼制规矩。"）（2.4）

从这一段孔子回顾自己人生时做出的总结来看，孔子的成就可以说是源于他年轻时立下的志愿——学习。正因为年轻时把学习定成一个明确的目标，孔子才会如此好学，不断积累知识，在各个人生阶段达到了相应的境界，最终成为万世师表。所以说，孔子年轻时树立的目标对他的人生起了决定性的作用，为他的成长指明了方向。

因此，在孔子式问题意识构造里，对于目标的不同理解、不同定位会产生不同的问题意识。我们把和目标有关的问题意识归结为3种类型（或者3种层次），如图2-1所示：第1类是有没有目标的问题意识；第2类是有关目标方向性的问题意识；第3类是如何

达到目标（包含有没有坚持目标）的问题意识。

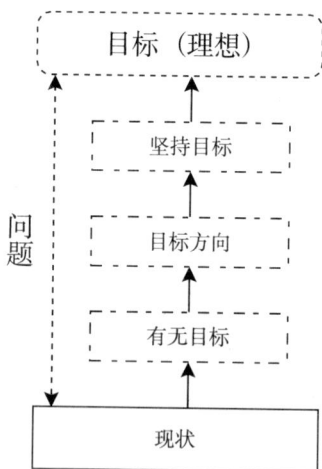

图 2-1　目标 3 部曲分类图

第 1 类没有目标的人，在现实生活中，好像没有理想或目标，天天不知道自己在干什么、在忙些什么。如图 2-2 所示，他们逛街、买东西、打麻将、唱歌、看电视连续剧，在网上跟人聊天、玩游戏，再和朋友同学聚餐。不知不觉中，一天天就这样飞逝而去。安于过这种生活的人可能满足于现状，他们对日常生活或身边的事物没有问题意识，没有目标，没有追求。

有目标的人，会对自己的现状持有一种问题意识，想改善自己的现状，达到自己想要的一种理想状态。为了达到他的目标，他需要不断去努力、去提高自己。在追求目标的过程中，始终有一种问题意识伴随他、提醒他。虽然在他的追求过程中有可能会曲曲折折，但只要不迷失目标、不断努力，他总是向着目标靠近。

也许 10 年或 20 年之后，那些没有目标的人可能还在原地踏

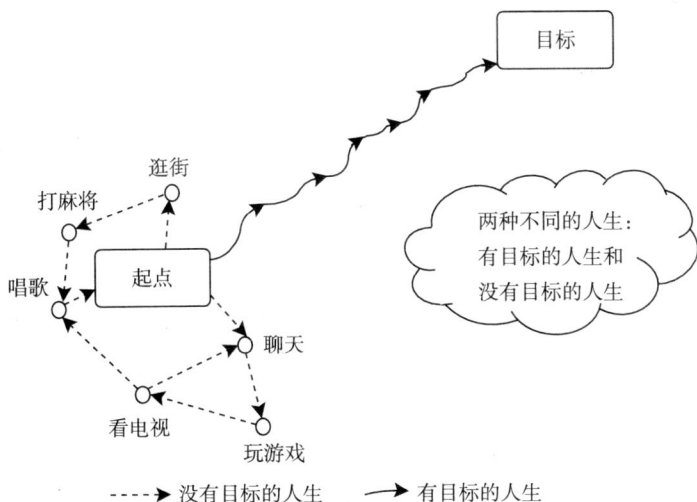

图 2-2　有无目标的人生区别

步，没有提高，没有进步。而有目标的人可能已经达成目标，把自己提高到另外一个高度，一个更理想的状态。

因此在孔子式问题意识构造里，首先要树立目标，有了目标才会有问题意识。这一点与西蒙对问题下的定义有相似之处。如果说问题是"现状和目标之间的差距"的话，那么目标本身就是问题的一部分，没有目标，问题自然就不存在，也就不觉得有问题，或者不存在明确的问题。不知道问题出在哪里，对当事人来说也就不会有什么问题意识。因此，有无问题意识的一个前提条件就是有无目标、有无明确的目标。

另外，在日常生活中有些人虽然有想法和梦想，也想改变自己，改变现状。但对他们来说，想做的事有很多，不知从何着手，不知道自己应该先去做什么，然后再做什么。一会儿做这，一会儿做那，虽然忙忙碌碌却时不时搞得晕头转向，焦头烂额。

这些人的问题可以归结为一点，就是对目标没有一个很清晰的认识，没有明确的方向。没有明确的方向就不知道问题出在哪里，就没有问题意识。因此有无目标的问题意识的另一个条件就是目标要有正确的方向性，即要有第 2 类有关目标方向性的问题意识。

在生活中，还有一些人他们虽然有自己的目标，有想做的事，但可能暂时缺少一定的条件和能力，于是总是不去付诸行动，只是口头说说。或者只是一味地抱怨命运，抱怨他人，抱怨社会，天天唉声叹气，悲天悯人。或者他们行动了，但不坚持到底，会在中途放弃。这些人的问题在于没有去行动和没有去坚持执行目标。有没有去行动、去持续、去坚持目标都关系到对自己所作所为的问题意识。这属于第 3 类如何达到目标（包含有没有坚持目标）的问题意识。

上述 3 种人因对目标有不同的理解，所以就有 3 种不同的问题意识。在下面的篇章里阐述孔子如何对待这 3 种不同的问题意识。

志：树立目标

首先，对第 1 种没有目标的，无所事事的人孔子提出了严厉的批评。

> 子曰："饱食终日，无所用心，难矣哉！
> 不有博弈者乎？为之，犹贤乎已。"

（孔子说："整天吃饱了，什么心思也不用，这就难办了。不是有下棋的吗？干这些，那还好一些吧。"）（17.22）

　　孔子在批评没有目标的人的同时，也告诉了我们如何定目标。对孔子而言，定目标是一件很简单的事，就是从自己身边的事做起，从能做到的事做起。我们平时一说到目标，往往会想到非常宏伟远大的理想。从小，我们就想要成为科学家、发明家、国家领导人、超级明星、大老板。有这种愿望当然也不错，但这些梦想往往只是嘴上说说而已，并不一定会认真地去实现。每个人的自身条件、周围环境不一样，能实现的梦想也不一样。对孔子来说，学习是一个他当时能做到的目标。而对我们来说，要有一个可行的适合自己的目标。在这个时候，一个明确的目标就比较重要了，尤其是对目标的问题意识更是重要的。

　　分析自己，判断自己的条件、能力、优点和缺点之后，要明确自己能做什么，想要做什么，并且评价所面对的事物和现状，然后再去定目标。如果把目标定得太高，不容易实现，就有可能中途而废。你需要把一个远大的目标分解为各个阶段实现的小目标，比如目标分为现在能做到的、近期内能做到的、中长期内做到的。

　　为了帮助理解目标，我们把目标分为 3 种类型并探讨，如图 2-3 所示。第 1 种是改善现有的不足或错误的地方，即改善型目标。第 2 种是虽然现在的状态没有什么问题，但对现状不满足，想要更好的一种状态，称为加强型目标。第 3 种目标是创造一种跟现在的状态（或者系统）不同的，现在还不存在的状态，叫作创新型目标。目标不同，问题意识也不同。问题意识不同，表现出来的行动就不一样。因此，在给自己定目标时，可以参照这 3 种类型，以便清楚地把握自己存在的问题，明确自己想要的目标和生活。

　　改善型目标是针对现在的不足或缺点进行改善或改良。这种目标需要清楚自己正在做的事、自己生活中存在的缺点和不足，然后

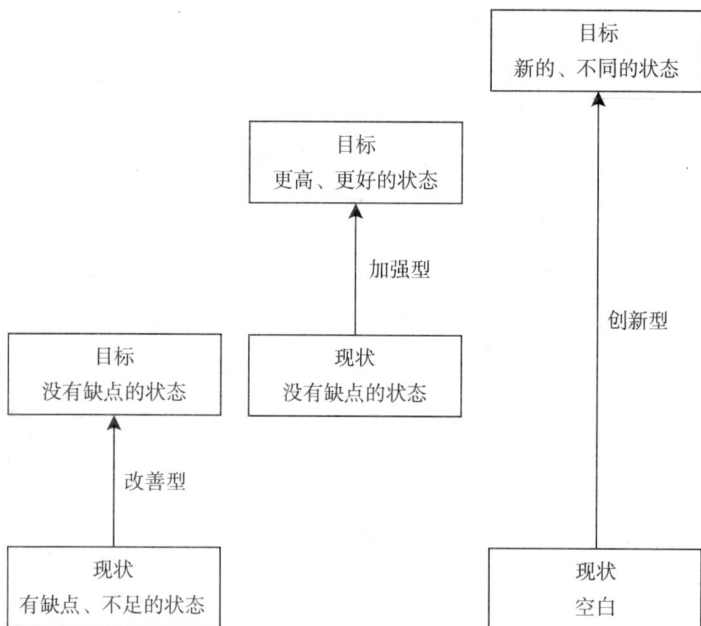

图 2-3　目标分类图

对此进行改善或改良。比如，你在经营一家饭店的时候，有客人抱怨上菜的速度慢，从点菜到上菜要等 15 分钟以上。因此，把上菜速度提高到 5 分钟就是一种改善型目标。

这种目标是最容易看得见、最容易定的，也是最容易产生问题意识的。找到现有的不足，制定一个改善目标，就会产生相应的问题意识，而这个问题意识说不定就是一个机会。

经常听人说：现在生意不好做，每行每业都有人在做，几乎找不到创业的机会，而且竞争很厉害，想创业非常不容易。其实，从改善型目标来看，只要能确定下需要改善的目标，进而对此改进，这就是创业的机会。每个系统，每个行业，多多少少会存在不足的地方，把改善这些问题作为机会的话，创业机会也就应运而生。因

此，每行每业其实都有创业的机会，问题是你有没有识别问题的眼光以及改善问题的能力。现在社会上的各种问题其实都是机会，是留给那些有心的、有问题意识的人。

比如在 20 世纪 90 年代，假货成为人们头痛的问题，南京市苏果超市针对这一现象提出"苏果无假货，件件请放心"的经营理念，立即在南京的零售市场打开一片天地，创下辉煌的业绩。如图 2-4 所示。从这个意义上说，成功建立在发现忧患的基础上，有了忧患，有了问题，并去解决问题，才能进步，才有成功的机会。因此，成功起源于问题意识，要在日常生活中不断发现忧患，乐于发现忧患。把消解忧患当作创业的机会，就能把忧患转化为欢乐。有了忧患的问题意识才有欢乐，欢乐即为"患乐"。

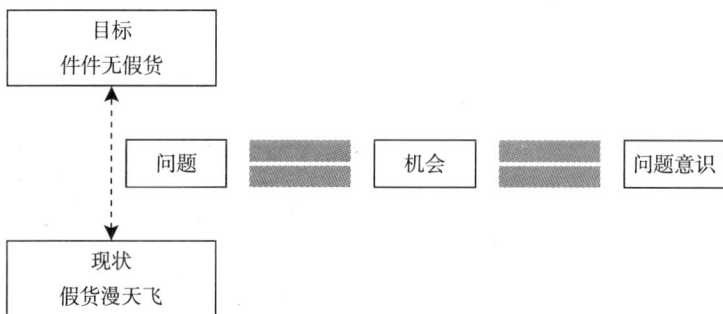

图 2-4　改善型目标

加强型目标与改善型目标的不同之处在于它不是有缺点要改善，而是不安于现状，想要一种更好的状态。比如苹果手机不断更新换代，从苹果 4 到苹果 4S 到苹果 5，再到苹果 6。其实在苹果 4 的时候，全球的销量就已经很好了，但苹果公司还是不断地提高苹果手机的各种性能，不断地改进和改良。如图 2-5 所示，这类加强

型目标就是在现有的基础上追求一种更好、更高的状态，从而让自己产生问题意识，实现新的进步。

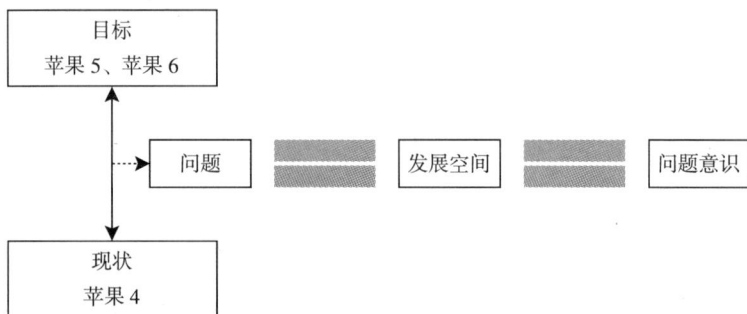

图 2-5 加强型目标

我们经常喜欢说"没问题"这句话。倘若因当前状态很好而判断没问题的话，那就等于没有目标，没有发展空间和发展机会。在这个日新月异的时代，如果看不到未来的发展空间，只安于原地踏步时，也许就会比别人落后。从这个意义上来看，没问题其实就是最大的问题！因此，大家不要怕听到问题这个词。你如果能发现问题，解决问题，就能提高自己。而对公司、社会而言，你如果有功于公司，或对社会做出了贡献，你的职位会得到提升，你的社会地位也会得到提高，所以，问题说不定可以改写成"稳提"，即稳稳地提高。因此，我们完全可以不用避讳"问题"，相反，应该乐于把问题视为"稳提"的机会。

创新型目标和加强型目标的不同在于它不是现有基础上的改良，而是去创造现在还不存在的新的状态，比如开发一个新的系统。这种目标随着社会环境的变化而变化，需要在社会的需求和环境的变化中，敏锐地认识现阶段所处环境的特征，然后用一种新的创意来填补现有的空缺，满足市场变化的需求。经营的本质是在不

断变化的环境中不断创新，不断挖掘客户市场的需要。

比如婚庆这个行业，在 20 年之前可能还没有拍结婚照这种婚庆服务项目，是 20 世纪 90 年代初期经济条件有了很大改善后，很多新人愿意花钱在人生的喜事上留下一个美好的回忆，于是，结婚照应运而生，成为潮流。如图 2-6 所示，人们对回忆的这种需求产生了大量的创业机会。之后婚宴上的萨克斯等各种表演节目等也是随着社会的需求而产生，整个婚庆一条龙服务产业是随着社会的需求变化而产生和发展的。

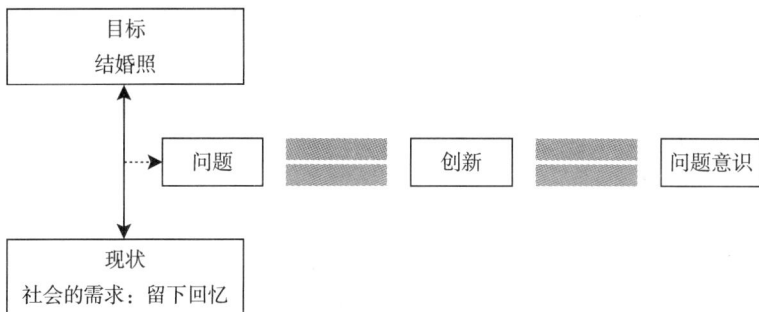

图 2-6　创新型目标

创新型目标因为是现在状态中暂时还未存在、需要去创造开拓的一种理想状态，因此不容易把握，但你一旦意识到了这种社会的需求变化和目标，那说不定机会就来了。

了解目标的种类能帮助我们认识问题所在，明确自己需要的目标，制定一个比较清晰的目标。但是，目标不仅需要简单可行，还得让人感到快乐。很多人上班、上学不开心，于是上班混日子，上学要么"网游"要么"神游"。其实这也是人之常情，因为不是自己想做的事，所以不愿好好做。不喜欢做的事是不会持续的，不会坚持的，不会从所做的事中得到快乐，也不会持续和坚持的。就像

看足球比赛、看电影一样，因为能从中得到快乐才会经常去看。做事也一样，因此我们要为自己找一个喜欢做的事或者目标，而且要从中得到快乐。

"知之者不如好之者，好之者不如乐之者。"

（孔子说："知道它的，不如喜欢它的；喜欢它的，不如快乐于它的。"）（6.20）

这可以说，做一份工作，了解它、掌握它不如喜欢它。喜欢它不如从它那里得到快乐。所以，哪怕是在农村务农、去饭店打工、在工厂上班，只要自己做得开心，就值得去做。所以可以把自己喜欢的、立志要做的职业称作"志业"，我们要把职业做成"志业"。

子曰："三军可夺帅也，匹夫不可夺志也。"

（孔子说："可以剥夺三军主帅的权力，休想剥夺一个普通人的意志。"）（9.26）

"志业"是我们每个人都可以做到的，也能做到的。各行各业，不分贵贱。"志业"是只要挑选自己喜欢的工作，能从中得到快乐的工作就可以，而不是跟着社会潮流走。社会上往往有一种风气，即看不起某些职业。比如，我说我的人生目标是做一个拉面师傅，或者开一家拉面店的话，可能很少有人会说你的理想真伟大、真了不起。但是360行，行行出状元，小小的拉面一样能做出辉煌的成就，如图2-7所示。

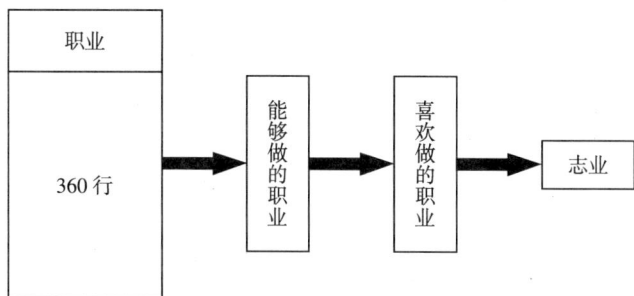

图 2-7 志业图

日本有一家拉面店老板在大学毕业后，就去各种料理店里学习、修行。几年后，开了家小小的拉面店。之后他在日本全国拉面大赛上连续 3 年夺得全国冠军。现在他在全世界有近 100 家分店，年营业额 100 亿日元以上。这个老板就是把自己喜欢做的事作为自己的人生目标并立志去做，做好自己的"志业"。

当然，"志业"不局限于社会上已经存在的职业，对于某些意识比较敏锐、能捕捉到社会的变化和社会的需求的人而言，完全可以创新一个行业，然后把这行业作为自己的"志业"，终生为之奋斗，如图 2-8 所示。比如苹果公司的创始人乔布斯就是这样的。

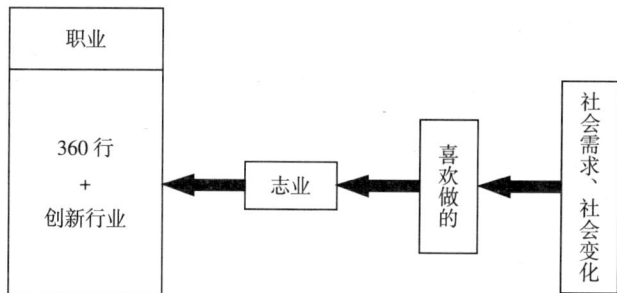

图 2-8　创新志业图

义：目标方向

在选定目标的时候还要注意目标的方向性。因为，万一方向错了，那结果可能会差之毫厘，失之千里。

子曰："群居终日，言不及义，好行小慧，难矣哉！"

（孔子说："大家整天聚在一起，不谈正经事情，却喜欢玩弄小聪明，这就难办了。"）（15.17）

"义"有很多解释，我们可以把"义"理解为社会的生活需求，国民的生活需求。孔子说，做事情要有一个方向，不能天天忙忙碌碌而不知道应该做什么。这个方向，对孔子来说，就是义，就是去完成社会上的需求、国民的需求。另外，孔子也说"修身以安百姓"，也就是学习知识、做事情是为了要让老百姓过上好日子，解决社会上的问题，完成社会上的需求。因此"义"可以说是孔子立志的一个目的，也是制定目标的方向。

目标和目的是两个容易混淆的概念。在解释目标和目的的区别之前，先思考几个问题。

首先，上班的目的是什么？或者工作的目的是什么？

很多人可能会说，不就是为了赚钱吗？或者不就是为了生活吗？

那么，开饭店的目的又是什么？

可能有很多人会说，开饭店的目的不也是赚钱吗？

如果把工作或开饭店的目的看成是赚钱的话，那其他所有的行业，或工作的目的也全部是赚钱，社会上事物的目的全是赚钱了。

那再问一个问题，百度或谷歌的目的是什么？

它们的目的也是赚钱吗？

现在大家都是免费使用百度、谷歌、雅虎等搜索引擎或它们的邮箱服务。百度、谷歌、雅虎都是世界级大公司。这些公司免费给客户提供帮助，获取信息，而不是收搜索费或者邮箱使用费，所以不能说它们是单纯在赚客户的钱，也就是说它们的目的不是为了钱，而是为客户提供信息。

下面用赚 100 万元是目标还是目的来解释目标和目的的区别。即赚 100 万元是目标还是目的，或者还是其他什么？

假如你把目标定为赚 100 万元，那这 100 万元需要有一个具体的行动才能赚到，因为钱不是凭空而来的。而具体行动的方向有可能是正确的，也有可能是错误的。比如贪污、抢银行、绑架等都是犯罪行为，方向错误，目的不正，不仅自己会被绳之以法，还会给社会带来危害，这些错误的方向或行为不在讨论的范围。如图 2-9 所示。赚 100 万元应通过上班、做生意等正确的途径或行动来实现，比如说通过开饭店赚 100 万元。

如果把饭店看成一个系统，则这个系统的目的就是系统的功能，如图 2-10 所示。饭店最基本的目的是为客户提供酒水、饭菜。高一点的话，可以说是为顾客提供休闲、娱乐、聚会的场所。更高一点可以说是为居民提供便利生活，为社会作贡献等。饭店的目的是有层次的，但里面没有赚钱这个目的。如果赚钱是目的的话，那么饭店这个系统就没有层次了，因为每个层次都是赚钱。那赚钱是什么呢？

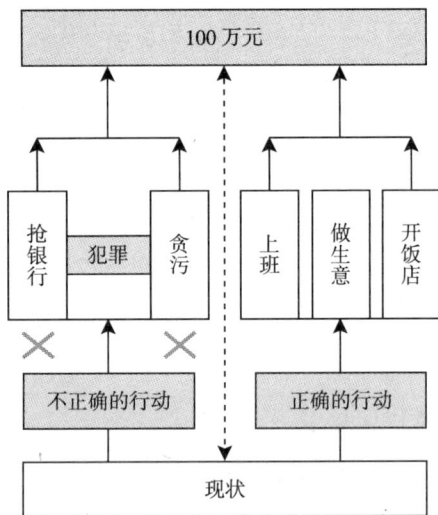

图 2-9　目标和目的的区别图（1）

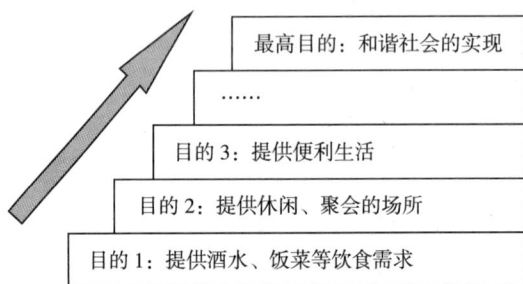

图 2-10　饭店的目的层次图

　　赚钱是执行开饭店这个行为的结果，是实现开饭店这个目的的结果。赚 100 万元是完成与 100 万元相应的客户数的需求的一个结果。把赚 100 万元作为目标隐藏了的前提，即开饭店的目的是要完成满足社会的一种需求，比如最基本的目的是为顾客提供酒水和饭菜等饮食的需求。而赚到的 100 万元是完成饭店的目的（功能）的结果。100 万元这个结果可以说是目标，而不是目的。

　　因此，开饭店（做生意）或工作的目的是完成社会的一种需求、一种职能，而目标是完成社会需求的一个过程，一个暂时的中间值，目的是目标的方向，这也就是目的和目标的区别。在我们的日常生活中，往往忽视工作的目的，而认为为了赚钱而工作，如图2-11所示。这样我们往往会迷失方向，迷失自己，找不到问题的真正原因。

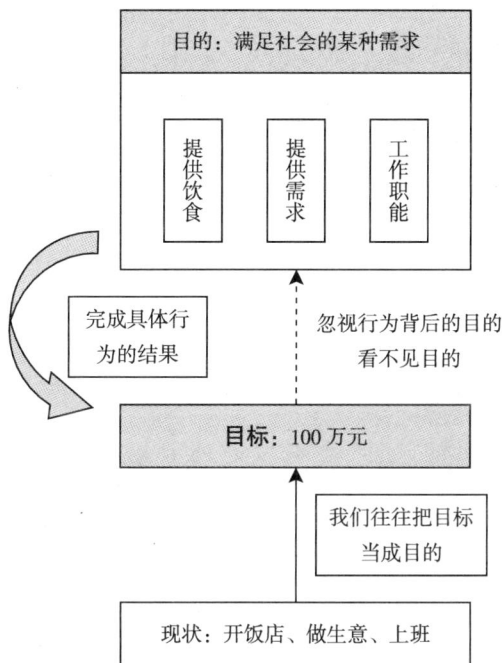

图 2-11　目标和目的的区别图（2）

　　如果把目标和目的搞错，结果会迥然不同。比如，把饭店的目的理解为满足客人的需求的话，那么为了实现赚100万元的目标就要考虑有多少客人来店里、什么样的客人、为顾客提供怎样的服务、如何提高服务水平、如何通过提高质量来提高口碑、增加客源。

与此相反，如果把赚钱当成目的的话，就有可能尽量思考如何降低成本、如何提高销售额，而不会从客户的需求着想，更不会为客户的健康着想。这样的目的其实是偏离饭店正确方向的，经营者或许能在一时赚到一点小钱，但绝对不会长远。

现在社会上出现的"地沟油"、"瘦肉精"等质量问题的原因之一是没把握住正确的经营目的和方向。当经营者把精力和聪明放在错误的方向时，就不会想到为提高人的生活质量和需求而想各种各样的方法去赚钱，且不择手段，于是社会上就会出现各种各样的问题。假如把精力和聪明用在正确的方向，放在为大家的健康或生活质量上，管理好质量，搞好服务，满足大家的需求，那么整个社会就不会有让人忧心的事了。

如果目的和目标理解错了，方向也就错了，有些本来应该要注意的、重视的事物却视而不见，这些偏离目的的目标往往是缘木求鱼、本末倒置。对目的和目标的理解如果不同会导致结果和行为完全不同。这就像射击一样，眼（问题意识）、目标、目的要3点一线，3点重合才能打准。如图2-12所示。

对于目的和目标的关系，孔子还从另外一个角度做了很好的说明，他在回答弟子子贡的问题时，做了如下解释。

子贡曰："如有博施于民而能济众，何如？可谓仁乎？"子曰："何事于仁，必也圣乎！尧舜其犹病诸！夫仁者，己欲立而立人，己欲达而达人。能近取譬，可谓仁之方也已。"

（子贡说："如果广泛地给人民以好处，从而能够普遍救济群众，怎么样？可以说是仁吗？"孔子说："这哪里只是仁，应该是圣了。连尧、舜都难做到。所谓仁，是说自己想站起来，就帮别人站

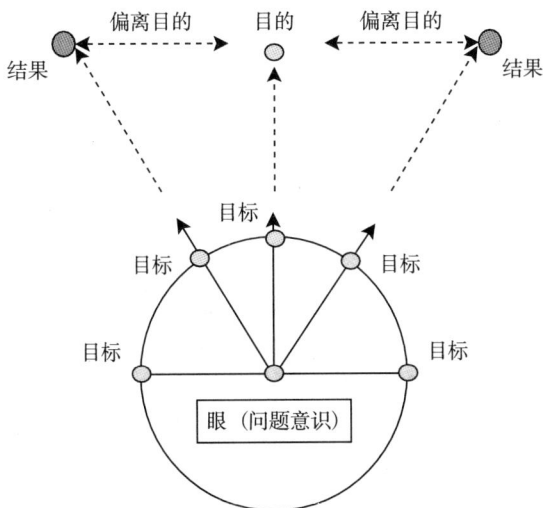

图 2-12 目标的方向图

起来；自己想开拓发展，就帮别人开拓发展。从近处做起，可以说是实行仁的方法。"）（6.30）

这句话的意思也可以说，子贡说，圣是施舍东西给别人，不求回报。仁是自己先帮助别人成功，然后自己再成功（有回报的，即立己和达己）。这句话其实有点费解，什么叫"如果自己想成功要先让别人成功，自己想发达要先让别人发达。你如果想要达到目标，得先帮别人达到目标"。如果从系统管理或问题解决的视点来看，这句话可以说：仁是要先满足别人的需求，帮助别人达到他们的目的，然后才能完成自己的目标或目的。（其他意思和理解参考"仁"章）

如果以开饭店来作为例子的话，就是你如果想把目标定成赚100万元，你必须先完成饭店的目的，也就是你要先让100万元相

应的客户满足他们的需求，让他们吃饱喝足，得到满意，才能赚到这100万元。也就是说，想达到自己的目标，要先考虑让别人达到他们的目标、需求或愿望。

而百度、谷歌、雅虎等公司把目的定在为客户提供帮助、提供信息上，在帮助了别人的同时自己也得到了利益，也成就了自己的发展。这不就是"己欲立而立人，己欲达而达人"最好的体现吗？这些例子说明，赚钱不应该是目的，赚钱只是完成某种目的的结果。

搜索引擎的例子可能有点不一样，即企业和使用客户没有直接发生利益关系。而在企业和客户直接发生利益关系时，一些产品质量好的公司给客户提供了好的服务，帮助客户完成他们自己的目标和目的，客户自然而然地也会回报他们的服务。同时也就成就了他们自己的发展。成功的企业就是为客户不断提供优质服务才得到成功的。比如，海尔给客户提供一台质量好的冰箱，大家用着很放心，很信赖海尔，于是都去买海尔，那海尔不也得到发展了？这不也是"己欲立而立人，己欲达而达人"的体现吗？没有一个企业是以提供不好的产品而雄霸天下的。

因此，我们应该首先考虑事物的目的，确认好方向后，再定目标。然后考虑如何完成目标，即如何执行和坚持目标。

道：坚持目标

当然，不仅目标要有正确的方向，目标的实现和完成也要有正确的方法，仅有目的不讲方法也只能是水中捞月，也就是孔子说的

"道"。

> 子曰："富与贵，是人之所欲也；不以其道，得之不处也。
> 贫与贱，是人之所恶也；不以其道，得之不去也。"

（孔子说："发财和做官是人们所愿望的，不用正当的方法，得到了也不接受。贫穷和卑贱是人们所厌恶的，不用正当方法，得到了也去不掉。"）（4.5）

也就是说，你想成功，需要有正确的方法才行，想达到目标，就要从正确的途径入手，而这个正确的途径或方法就是"道"。我们也可以把"道"理解为用正确的方法来不断提高事物的质量，不断改善事物的状态，追求事物的本质和真理，以达到事物的理想状态或最佳状态。因此，孔子的"道"可以解释成真理、本原、规律、本质、方法、途径等。在日常的生活中，"道"还要有一个具体的载体，在各行各业都有体现。比如，做生意有"商道"，插花有"花道"。富贵也同样有其道，违反了这个道，只会适得其反。

以开饭店为例，"道"是不断提高经营能力、饭菜质量、服务水平，达到饭店的理想状态。仅讲效益或赚钱是水中花，镜中月，本末倒置，只能适得其反。因此，在日常生活中，我们在明确目标后要讲究方法。

> 子曰："君子谋道不谋食。耕也，馁在其中矣；
> 学也，禄在其中矣。君子忧道不忧贫。"

（孔子说："君子考虑事业而不考虑吃饭。去耕田，也常挨饿；去学习，倒可以得到薪资。君子担忧事业，不担忧贫穷。"）（15.32）

做事要分清轻重，抓住重点，要用正确的方法，要遵守事物的规律。孔子的这番道理适用于任何时代，任何人。孔子思想中有很多这样的道理和原则历经各个时代经久不衰，所以才会有人说"半部论语治天下"。

我们可以说，开饭店的目的是提供某种社会需求（服务），也就是"义"，目标是赚100万元，也就是"志"，为了达到服务的最佳状态或理想状态，想方设法不断提高服务的质量和经营能力等，则是"道"。

孔子不仅告诉我们做事要遵守道，还告诉我们如何追寻道，如何达到道。

子夏曰："百工居肆以成其事，君子学以致其道。"

（子夏说："各行各业的工匠在制作场地完成他们的工作，君子应该努力学习以完成他的事业。"）（19.7）

在这里，孔子的弟子告诉我们，为了达"道"，首先要去行动，没有行动，永远达到不了终点，实现不了目标。行动就是要不断学习，不断磨炼和专研自己的能力和本事，不断去改善、去进步、去创新。所以孔子非常欣赏颜回，说颜回一直在不断进步、不断学习。

子谓颜渊，曰："惜乎！吾见其进也，未见其止也。"

（孔子评论颜回说："真可惜啊！我只看见他不断前进，从没看他停止过。"）（9.21）

其实，孔子在《论语》中多次讲到"进"和"改"，只有不断改

善，才能不断进步，才能达"道"。有些人把保守、马马虎虎、不思进取当成孔子的招牌了，这是对孔子的一大误解。下面举一个不断改善的事例。

在一家大企业的某一下属分厂的一个相机生产线上，当需要更换流程生产其他产品时，需切换流程。切换一个程序，从一开始切换一次需要花 8 小时到切换一次只要 10 分钟，这个过程是不断改善的过程，而这个过程花了整整 18 年。也就是说在 18 年中，这家工厂不断改善生产流程，不断改善生产方式。而在同一家工厂，组装 PS 游戏机的生产效率由 1995 年的平均每人每天 250 台到 2010 年每人每天 1200 台左右，效率不知道翻了几番。也正是因为不断改善生产方式，才达到了想要的效果。

他们的做法之一是不断改变生产方式以提高生产效率。在原来的流水线，也就是最原始的流水线上，是一组人站在一条转动的皮带上工作。如图 2-13 所示。流水线就像一条链子，每条链子上都有最弱的地方，但这个最弱的地方决定这条流水线的效率。每个人的工作效率是不一样的，但在这条流水线上，能力最差的人的效率决定这条流水线的效率。这个在卓别林的《摩登时代》能清楚地看到。如果要改变这种状况，这个工厂的领导必须不断改善流水线的员工站位、工作台的设施布置等，不断的改进、改善生产方式。当然，在这背后，还要有其他技术的支持。

曾经在新闻上看到一则报道，说为了解决未来几十年中国的劳动力不足，要开始放松计划生育的国策。如果单单从解决劳动力不足这个问题来说，主要的方法或者关键的方法可能是不断提高生产效率，而不是去多生小孩。以多生小孩来解决劳动力不足的这种思维方式是"头痛医头"的治疗方式。

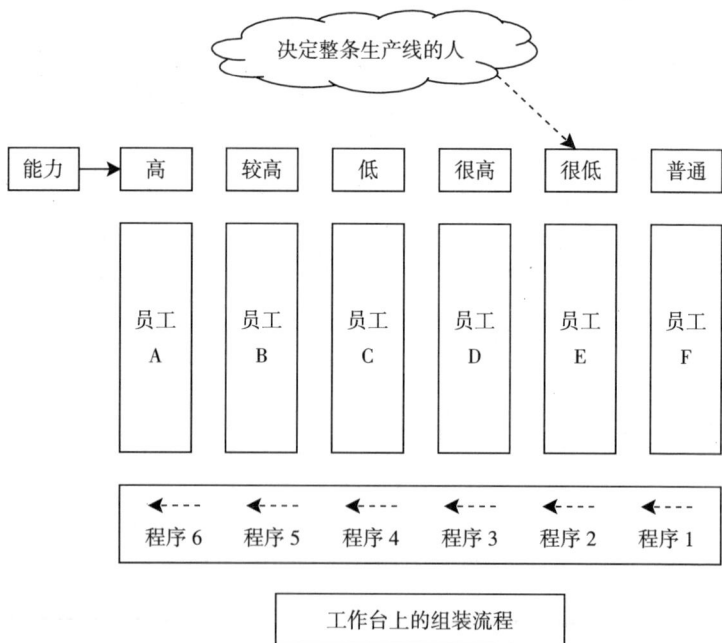

图 2-13　流水线上的效率改善图

追求"道"，就是不断改善现状，追求更高目标，不断发现问题，对现有事物保有问题意识，不断找到更好的问题解决方法。但要真正做到这一点却是一件很难的事。因为"道"需要持之以恒，不断进取，而不是一蹴而就。

子曰："善人，吾不得而见之矣；得见有恒者，斯可矣。"

（孔子说："好人，我是看不到了；只要见到能坚持的人就可以了。"）（7.26）

正是因为坚持是一件不简单的事，哪怕是一些我们平时都能做

到的事，刚开始做的时候也并不难，想做就去做了，但要继续下去，让它成为习惯却是一件比较难的事。比如减肥、戒烟、戒酒、运动。这些都是简单可行的，同时又对健康有益，但又有几人能坚持下来呢？我们往往"三天打鱼、两天晒网"。只有坚持下来的人，才能实现目标，成为成功者。正因为"坚持"两字不容易做到，才会有"天道酬勤"。

中庸：最佳问题解决

任何事、任何行业都是一样，只有不断坚持改善，持续学习，才会有进步，才能跟上环境的变化、时代的变化，这就是"道"。说到不断改善，说到"道"，我们不得不谈一下"中庸"，孔子的"道"和"中庸"是矛盾的吗？

在《论语》中，有很多地方表面上看似相互矛盾，而造成矛盾的原因是《论语》中大部分的章节只是孔子或其弟子的一句话，说话的背景和动机并没有很详细的记载。孔子的话真正含义在很多时候很难弄清楚，其中有一个很容易被误解的概念就是"中庸"。

子曰："中庸之为德也，其至矣乎！民鲜久矣。"

（孔子说："中庸作为仁德，是最高的了。人们很久没拥有了。"）

（6.29）

孔子说"中庸"非常重要，但往往会不被人理解。从历史上来

看，"中庸"的确是没被人正确理解，甚至遭到曲解。"中庸"一般是被解释为保持一种平衡或和谐的状态，不前不后，不上不下，有时甚至被理解为一种折中派，做事马马虎虎，不思进取，得过且过。就是因为这种理解，孔子思想才会在过去遭到批判。

这种理解主要是受了宋代朱熹和程颐的对"中庸"解释的影响。程颐的解释是，"不偏之谓中，不易之谓庸。中者天下之正道，庸者天下之定理"，把"中庸"解释为中正不偏，永恒不变的道理。朱熹对"中庸"的解释是，"中庸者，不偏不倚，无过不及，而平常之理"。他们的解释对后世的影响很大，但有时代局限性和解释者个人的局限性。我们只能把他们的解释当作一个参考，而不能按部就班，不能停留在那个时代的那些解释者的理解上。因为他们的解释可能只是停留在对"中庸"的一种和谐或平衡状态的描述，是对"中庸"的表现形式的一种描述，还没有再进一步解释"中庸"的本质或真正含义。

"中庸"到底是什么呢？《论语》里并没有直接提及对"中庸"的解释，但是有很多关于"中庸"的具体的事例，其中有几句比较典型。儒家历来都以此解释"中庸"。

子贡问："师与商也孰贤？"子曰："师也过，商也不及。"
曰："然则师愈与？"子曰："过犹不及。"

（子贡问："子张和子夏，哪个强？"孔子说："子张过头了，子夏没达到。""那么子张更强一些了？"孔子说："过了头等于没达到。"）（11.16）

如图 2-14 所示，这句说"过"和"不及"都不好，都不是最

好的性格，离最佳性格有差距。这里孔子没有给出解决方法，但在另外一次的问答中，孔子给出了解决方法，也可以说同时阐述了"中庸"的方法论。

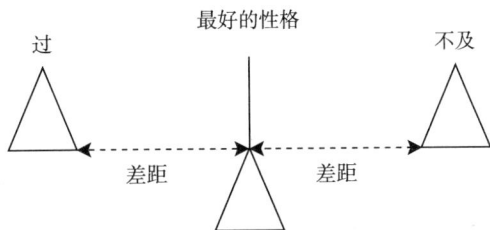

图2-14 "中庸"性格图（1）

子路问："闻斯行诸？"子曰："有父兄在，如之何其闻斯行之？"冉有问："闻斯行诸？"子曰："闻斯行之。"公西华曰："由也问闻斯行诸，子曰，'有父兄在'。求也问闻斯行诸，子曰，'闻斯行之'。赤也惑，敢问。"子曰："求也退，故进之；由也兼人，故退之。"

（子路问："知道了就去做吗？"孔子说："有父亲、兄长活着，怎么可以知道了就去做？"冉有问："知道了就去做吗？"孔子说："知道了就去做。"公西华问："子路问，知道了就去做吗？你说有父、兄活着。冉有问，知道了就去做吗？你说知道了就去做。我很疑惑，请问。"孔子说："冉有行为退缩，所以我鼓励他前进。子路行动胜过别人，所以我要抑制他。"）（11.21）

孔子在回答弟子的同一个问题时给出不同的答案，而这个回答让在旁边的弟子很困惑。孔子为什么要用"中庸"来解决问题？也就是，为什么要用进来解决退，用退来解决兼？孔子不是为了中间派而用"中庸"，而是用"中庸"来找到问题的最佳解决方法，用

最好的方法解决问题，如图 2-15 所示。正如孔子所说，子路做事冒进，所以需要抑制他，而冉有做事过于谨慎，所以需要鼓励他。这两个不同的答案针对了两种不同性格的人，孔子的答案对这两人来说都是适合其实际情况的最佳的处理方法。要给出孔子一样的答案需要正确把握事物的最佳状态，摸透子路和冉有的性格才能做到。针对不好的或者错误的方法，要改正这种方法，用更好的方法去解决问题，而非仅仅是折中派、保守派、中间值。但这种做法的表现方式很容易被认为是折中派、保守派。这也是孔子所说的"中庸至德，民鲜知也"。而真正能够理解并运用"中庸"的人可能非常少。

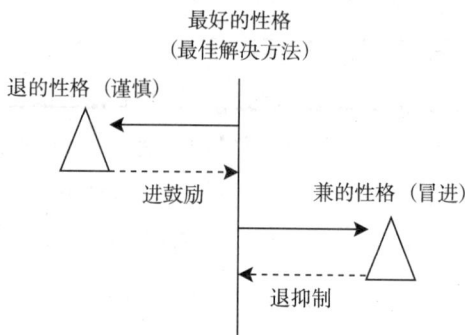

图 2-15　中庸性格图（2）

"中庸"是孔子提倡的一种方法论，这一点是公认的。介于方法论的使命是解决现实生活中的问题。我们如何把"中庸"运用到现实生活，去解决现实的问题？

比如，有一家蛋糕店的蛋糕非常好吃，一个卖 100 元，但保质期是当天，而且，从进原料到做好蛋糕需要 12 小时，蛋糕的成本是一个 50 元，卖得好的话一天 100 个，少的话一天 60 个，如图

2-16 所示。如果你是经营者，你如何生产蛋糕，卖蛋糕，使自己的利益最大化？即如何来解决这些经营上的问题？

生产最多和最少的两种可能性：

A：每天生产 100 个，有可能浪费 40 个蛋糕，浪费 2000 元，总共赚 1000 元：

$$(100-40) \times (100-50) - 40 \times 50 = 1000$$

B：每天生产 60 个，有可能会浪费 40 次机会，少赚 2000 元，总共赚 3000 元：

$$60 \times 50 = 3000$$

$$40 \times 50 = 2000$$

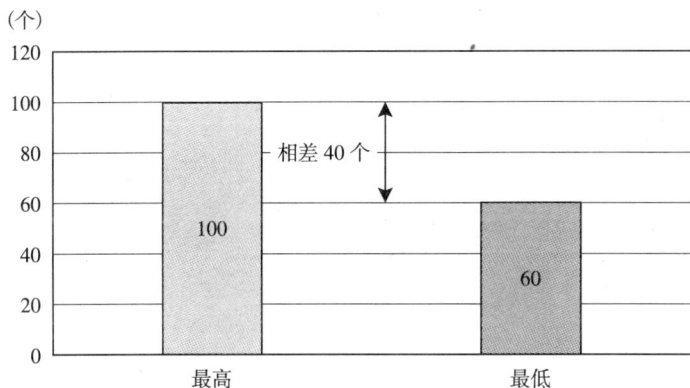

图 2-16　蛋糕日销售图

孔子的"中庸"需要追求理想的状态，需要掌握事物的实际情况，需要因人、因时、因地制宜，所以，按孔子的"中庸"来思考的话，理想的经营应该是来多少位客人卖多少个，生产多少个卖多少个，不浪费一次机会和一个蛋糕。

可能有人会把"中庸"理解为求中间值，即一天生产 80 个。

但如果每天生产中间值 80 个，可能有两种结果，一种是可能浪费 20 个，只能赚 2000 元（A）。另外一种是少赚 20 个，少赚 1000 元，赚 4000 元（B）。但这种求中间值的方法其实并不是孔子所谓的"中庸"。

影响顾客来买蛋糕的原因可能有很多，如天气、节假日、距离、时间带、促销活动等。孔子的中庸需要综合考虑这些原因，找到其中的规律，然后决定每天的生产数量。我们认为这是一种比较好的经营模式。在现代，顾客人数可以用一些方法大致预算出来，只不过这种计算只能无限接近，不可能与实际的人数完全相等。当然，还可以通过一些其他方法来达到这个目标。

讲究最佳问题解决的"中庸"不仅仅是方法论（最佳问题解决方法），还有事物的最佳表现状态，即用最佳问题解决方法解决问题的结果（一种理想状态）。我们非常熟悉的"文质彬彬"这个成语反映了孔子对"中庸"的这一看法。

子曰："质胜文则野，文胜质则史。文质彬彬，然后君子。"

（孔子说："质朴超过文采就粗野，文采超过质朴就死板。文采和质朴结合匀称，才是君子。"）(6.18)

"中庸"于人体现为"君子"，君子在质和文这两个方面要保持平衡，不能有所偏颇。文质彬彬是人的最佳状态、最佳表现。

总而言之，"中庸"是一种平衡，是一种和谐的状态，是事物的最佳状态、黄金分割点，同时也是为了达到这种最佳或和谐状态的一种最佳问题解决方法。做事不冒进，也不过于谨慎的最佳状态或和谐平衡状态是用最佳解决方法才能达到，这种"中庸"的本质

往往被人忽略。而不前不后，不冒进也不退让，保持一种和谐的最佳的状态则很容易被人认为是折中派，做事马虎，不思进取。这些理解都是"中庸"的表面现象或表面形式，是被曲解的"中庸"，都不是真正的"中庸"。

如果"中庸"是不思进取，则"中庸"就和孔子的"进"、"道"相互矛盾。恰恰相反，"中庸"和"道"不仅不矛盾，而且相互联系，我中有你，你中有我，是一个统一体。"道"是真理、规律、本质、方法、途径等，而"中庸"是事物的最佳状态和最佳问题解决方法，在一定程度上说，二者都是方法或本质（事物的最佳状态）。但这样的说明看上去又好像是矛盾的。

我们可以说"道"是真理、规律、本质、方法、途径，还包括追求本质或最佳状态的整个过程，"中庸"是在这中间的某一个阶段的最佳状态和最佳问题解决方法，每个阶段对"中庸"的追求都体现了对"道"的追求。如果说"道"是一条线，则"中庸"是这条线中的一个点。"道"包含"中庸"，"中庸"体现"道"，是某一个具体的"道"。

如图 2-17 所示，"中庸"是事物各个阶段的最佳状态和最佳问题解决方法，"道"就是不断用"中庸"（最佳问题解决方法）去追求事物最终的理想状态和本质。"中庸"是用最佳问题解决方法达到"道"的一个过程上的某个阶段的最佳表现状态，而"道"是事物的最终理想状态、事物的本质。同时，"道"也是不断改善现状、不断追求更好的问题解决方法而达到这种理想状态的一个过程。

就好像一家企业，它的服务质量、产品质量、开发能力、销售能力、财务、创新、员工意气等各条战线上的能力是不一样的，而中庸就是要找出各条线的最佳组合，综合最佳状态、最和谐的点。

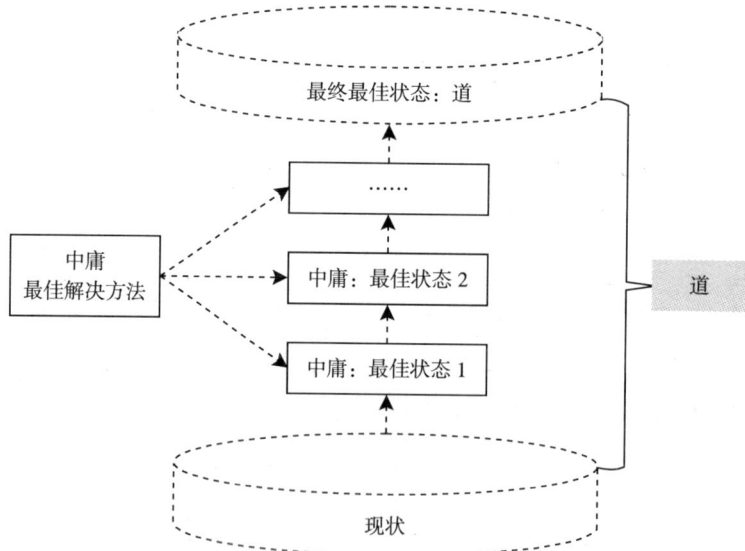

图 2-17 "中庸"和"道"的联系图

企业在每个发展阶段都会遇到不一样的问题，为了找到每个阶段的最佳问题解决方法或最佳状态（"中庸"），需要不断努力，不断学习，不断改善，不断求"道"。所以"中庸"不是我们一般所认为的不思进取，得过且过，而是一种最佳问题解决方法及其结果。

再以花道为例。花道是通过花草树木等来体现事物的美，是追求事物美的一个过程。花的道就体现在每一个花道的作品中，如图2-18所示。花道讲究通过花（草、树木等）的组合或配合来展现花（草、树木等）的一种整体的和谐或平衡美。在花道中，每个树枝和花都有自己的担当，被称作天地人，而花道的精髓就是找到它们的平衡。每一个作品是道的体现，而"中庸"是用最佳的方法表现某一个作品（花、草、树木）在某一个阶段的平衡的和谐状态或最佳表现状态（最佳组合），如图2-18所示。

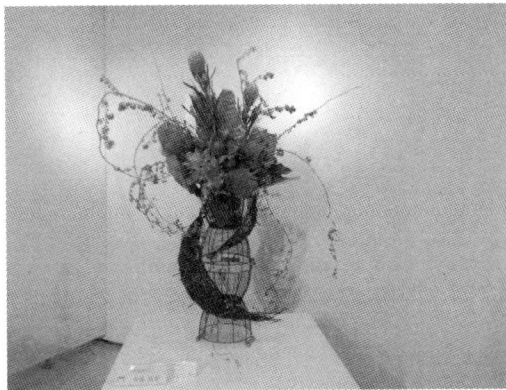

作者摄影于2014秋季名古屋中部花道展，作品：安藤顺甫

图 2-18　花道作品

　　孔子的"志"，不仅仅是志于"道"，还志于"仁"，"道"是事物的"道"，也可以是"人道"，而"人道"则可以说是"仁"，"仁"就是人间的"道"，具体何为"仁"，则在下章分解。

第三章

仁

"仁"也是孔子追求的一个目标，是他所认为的人应具有的一种理想品德。

子曰："苟志于仁矣，无恶也。"

（孔子说："真决心努力于仁，也就不会做坏事了。"）（4.4）

"仁"在《论语》中多次论及，是孔子所倡导的一个中心概念，因此可以说"仁"在孔子式问题意识构造中占有重要地位。但"仁"的定义却一直是让历代儒家所困惑的难题。因为孔子在回答弟子"仁"是什么的时候，对不同的弟子给出了不同的答案，而且即使是同一个弟子的提问，不同的时候答案也不同。"仁"到底是什么，《论语》里没有一个明确的、本质性的说明，于是后世对"仁"的理解也各不相同。

孔子对"仁"给出不同答案的原因是语言的模糊性。语言有时并不能清楚地解释某些事物。比如红色，严密地说，有无数种红色，想说的那一种，必须是别人看到过并且知道的才能对应上，否

则很难说清楚到底是什么红色。至于解释抽象概念，更是难上加难。比如什么是年轻？如图3-1所示，多少岁是年轻？十几岁、二十几岁、三十几岁，还是四十几岁？还有，什么样的状态是年轻，什么样的思想才是年轻，都很难说清楚，只能说出大致。年轻的本质并不容易清楚地把握，其他的像精神、责任、爱、感情等同样如此。

| 10岁 | 20岁 | 30岁 | 40岁 | 50岁 |

图3-1　年轻的年龄图

"仁"同样是个抽象概念，"仁"到底是什么，用语言比较难说清楚，而且当时可能还没有一个意义对等的词能把"仁"的定义概括好。所以，孔子在回答弟子"仁"时，都是用非常具体的例子，并根据弟子的性格特点解释说明的。但在孔子的这些解释和说明里隐含着一个中心的、本质性的"仁"的概念。那么"仁"到底是什么？

颜渊问仁。子曰："克己复礼为仁。一日克己复礼，天下归仁焉。为仁由己，而由人乎哉？"

（颜回问如何是仁？孔子说："约束自己以符合礼制就是仁。有一天都这样做，那中国就都回到'仁'了。这样做全靠自己，还能凭靠别人吗？"）（12.1）

孔子在自己最得意的弟子问"仁"是什么时，给出了上面的答

案。一般的解释是，克制自己的欲望，不能为所欲为，使自己的行动符合社会的礼仪和制度才叫"仁"。一旦有一天能做到克己复礼，天下就是"仁"了。

这里，孔子仍然用具体的事例解释"仁"是什么，并没有给出具体的、根本性的定义。所以在解释后两句时，就有点解释不通了。为什么一旦做到克己复礼，天下就能归仁？这句话让历代儒家非常头痛，很难解释清楚。我们尝试用图来说明这句话。

"礼"是指各种约定俗成的习惯，各项规章制度。个人的行为可以分为违反礼的行为和不违反礼的行为。不违反礼的行为可分为社会能容忍的行为以及社会认同的行为，而社会认同的行为就是"礼"。另外，个人行为还可以分为个别行为和一般行为，个别行为是相对比较有个性的行为，不具有普遍性的行为。一般行为是大家共同遵守的行为，也是社会认同的行为，也是符合礼的行为，即"礼"。如图 3-2 所示，"礼"的区域是大家共同遵守、共同认同的行为，是人的一般行为，即图 3-2 中的中心区域。如果在这个区域受到伤害，则整个社会共同遵守的"礼"受到伤害，就像图中的白色的三角形已经侵入了中心的共同区域。

克己复礼是克制自己的行为不要违反社会共同遵守的行为（"礼"），使其尽量符合社会共同认同的礼。因此，我们可以说，克己复礼就是让自己的行为符合社会的礼，换个说法就是对自己的行为要有责任心，对自己的行为要负责任。一旦你对自己的行为负责任，你也就是对社会负责任（不让自己的行为违反"礼"），同时你就会对天下的事（违反"礼"的行为）负责并感到有责任。因此，克己复礼就是对自己负责的同时也要对社会负责。在这个意义上，"仁"可以说是一种个人的社会责任感。如果社会的礼，即社会一

违反了社会的共性
违反了社会能容忍的欲望或行为

个性行为 ← → 共性行为

礼

社会认同的
欲望或行为

社会能容忍的
欲望或行为

违反社会的礼的
欲望或行为

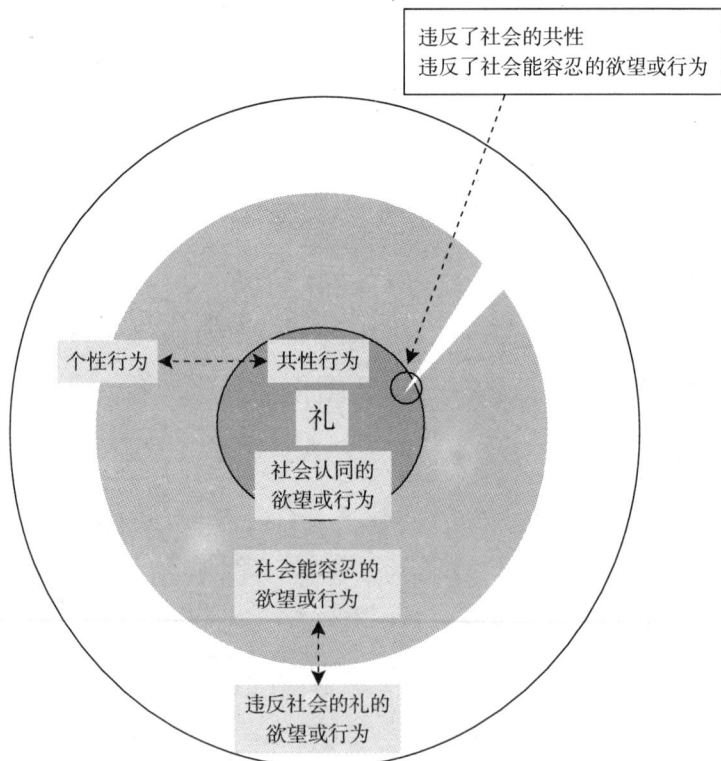

图 3-2　个人行为构成图

般（共性）的部分被违反了，则这种行为等于侵犯了自己的责任区，自己会警惕这种行为，并怀有责任感。这就是为什么一日克己复礼，天下归仁。比如"小悦悦事件"，这件事情因为触及了社会的最基本的道德底线，所以才引起了大家的注意和重视。

因此，可以说，个人的事其实就是社会的事，对自己负责就是对社会负责。反过来说，对社会负责也就是对自己负责。克己复礼就是对自己负责，同时对社会负责，所以一日克己复礼，天下归仁。

另外，在"克己复礼为仁。一日克己复礼，天下归仁焉。为仁由己，而由人乎哉?"这句话中，一日克己复礼的主语不清楚，除了可以解释成第一人称的我，也可以泛指每一个人。换成后者的话，这句就可以解释为，如果天下的每个人都能做到克己复礼，天下就是一个有责任的天下了。

体现个人的社会责任感的"仁"的思想贯穿整部《论语》，比如孔子和阳货的这一段对话。

阳货……谓孔子曰："来，予与尔言。"曰："怀其宝而迷其邦，可谓仁乎?"曰："不可。"

（阳货对孔子说："来，我和你说话。"接着说："有一身本领却让国家处于迷惑状态，叫作仁心吗。"孔子说："不可以。"）（17.1）

这句话的意思是，你有能力，却不帮忙治理国家，未让自己的国家得到更好的管理，这不可以叫仁。正因为孔子把仁和对社会、对国家的责任和关心联系起来，才会否定仅限于个人的"宝"。

孔子在回答弟子的问题时也间接地说到了对社会、对天下、对人类的责任。

夫子怃然曰："鸟兽不可与同群，吾非斯人之徒与而谁与?天下有道，丘不与易也。"

（孔子颇为惆怅，说："我们总不和飞鸟走兽一起生活吧，我不是人类的一分子又是什么呢? 如果天下太平，我才不会去求改变哩。"）（18.6）

孔子把天下的问题当作自己应该解决的问题，并终生为之奔波、奋斗，"天下有道，丘不与易也"就是仁的体现，即个人的社会责任。

我们再来看看孔子在回答弟子樊迟对仁的 3 次提问所给出的 3 种不同的答案。

樊迟问仁。子曰："爱人。"

（樊迟问如何是"仁"？孔子说："爱人。"）（12.22）

樊迟问仁。子曰："居处恭，执事敬，与人忠，
虽之夷狄，不可弃也。"

（樊迟问如何是"仁"？孔子说："生活起居庄重谨慎，处理事务严肃认真，与人交往忠诚信实，即使到野蛮地区也不丢掉、改变。"）（13.19）

樊迟问仁。子曰："先难而后获，可谓仁矣。"

（樊迟问如何是"仁"？孔子说："困苦艰难在先而酬报、果实在后，这就可以叫仁了。"）（6.22）

第一句，仁是爱人。仁字由"人"和"二"两个字组成，即两个人组成，也就是说人与人之间要有爱。爱人是要帮助别人，对他（她）负责任，要对方也过得好，要保护他（她）。如果把爱人的人扩大为社会上所有的人的话，那爱人就是让社会上的人都好起来，让社会好起来，对社会负有责任，对社会做贡献。

第二句体现了仁的具体的行为，即恭、敬、忠。这是为人处世

的原则，也可以理解为与他人共事时要重视和他人保持良好的关系，以便和大家一起把事情做好。也可以说，做事要有责任心，要把事情做好。

第三句是仁的具体行为，即先做事，然后再拿自己的报酬，这跟"己欲达而达人"的宗旨是一样的，即强调了先要对自己所做的事负责。

孔子的 3 种不同的答案，以不同的表现反映了一个本质，就是要对自己所做的事有责任心，要承担个人的社会责任。

因此，我们在做好自己的工作时，要对自己做的事负责，这是一种最基本的责任，而这种责任同时也是一种社会责任。因为自己的所作所为会对社会产生或多或少的影响，所以我们在做自己事的同时也要考虑到整个社会可能产生的影响，如图 3-3 所示。

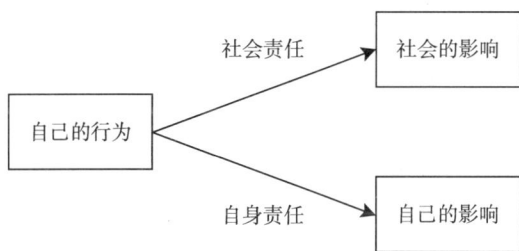

图 3-3　个人行为影响图

孔子正是带着这种强烈的个人的社会责任感去努力寻找救世良方的。如果没有这种个人的社会责任意识，孔子就不会到处奔波，特别是在各地遇到挫折后，他完全可以选择归隐、不问世事这条路。但孔子并没有这样做，他自始至终都在思考如何救世，力所能及地去努力，去解决社会问题。

问题意识中的个人的社会责任是非常重要的。没有这份社会责

任心，即使是非常严重的问题，也有可能不去关心。既然是别人的问题，跟自己无关，当然也就不会去管它，更不会去动脑筋、花时间解决它了。

介于个人的社会责任（仁）的重要性，我们详细叙述它表现在哪些方面。

孝

有子曰："其为人也孝弟，而好犯上者，鲜矣；不好犯上，而好作乱者，未之有也。君子务本，本立而道生。孝弟也者，其为仁之本与！"

（有子说："做人孝敬父母，尊爱兄长，而喜欢冒犯上级官长的，少有。不喜欢冒犯上级而喜欢造反作乱的，从来没有。君子在根本上下功夫，根本建立好了，人道也就生发出来。孝敬父母，尊爱兄长，就是人的根本吧！"）(1.2)

仁最基本的体现是孝，在家里孝敬父母、长辈，对父母和长辈有责任心，要照顾家人。孝是家庭中最基本的一个要求，做到了、做好了，家庭也就和睦安稳。而家庭作为社会的一部分，家庭安稳了，社会就会稳定。所以从长远说，孝也是对社会的一种贡献、一种责任。

特别是现在，随着老龄化社会的到来，老人越来越多。同时，因为社会分工的发展、人口的移动，年轻人和老人住在一起的家庭渐渐减少，如何照顾老人成了一个非常重要的社会问题。这不仅是

中国，可以说是全世界正在面临的问题。特别是一些先进国家，子女没有和老人一起住的习惯，老人的护理和家务事等都是由社会来承担。所以我们中国人讲究的孝，其实也就是对社会的一种贡献。

忠

在家庭讲孝，在公司、在社会讲什么呢？也就是如何与他人相处？孔子认为应该以忠相待。

定公问："君使臣，臣事君，如之何？"孔子对曰："君使臣以礼，臣事君以忠。"

（定公问："国君使用臣下，臣下事奉国君，应该怎样？"孔子说："国君使用臣下，要合礼；臣下事奉国君，要忠诚。"）(3.19)

在这句话中，孔子指出，与上级相处要忠心耿耿，为上级做事要尽其所能。当然，不仅仅是上级，帮别人做事也要做到忠。

曾子曰："吾日三省乎吾身。为人谋而不忠乎？与朋友交而不信乎？传不习乎？"

（曾子说："我每天多次反省自己。为别人谋划考虑，尽了心没有？交朋友，有没有不信实的地方？所传授给别人的东西，自己实践过吗？"）(1.4)

忠是与人做事时的一种态度，每天都要反省自己在为别人做事时，是不是尽了自己的力去做。从责任这个角度说，忠也可以说是一种对他人的责任。

如何做到忠，孔子认为忠的最基本的两种表现就是言和行。

子张问行。子曰："言忠信，行笃敬，虽蛮貊之邦，行矣。"

（子张问如何才能行得通？孔子说："讲话忠诚信实，行为恭敬实在，即使到野蛮地区，也会行得通。"）（15.6）

"言忠信"，是说自己说的话要真实、诚实，要能让别人信任，让人觉得可靠。我们先来看看"言"，比如在工作中，你如何向上级汇报工作？是如实报告现场的情况，还是只讲好听的，隐瞒不好的信息。在日本，有一种与上级沟通方式叫汇报、联系、商量，如图 3-4 所示。在工作中首先要汇报，把工作的具体进程、实际情况、真实状态告诉上级。

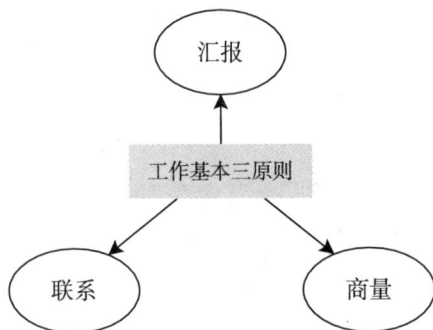

图 3-4　工作的基本三原则

向不在现场的领导提供尽可能多的信息，以便他们判断和决

策。可是我们往往会认为向领导汇报就等同于打小报告。其实，汇报和打小报告完全不同，打小报告这个行为带有感情色彩，专指说别人坏话，为自己谋利；而汇报则不夹杂个人恩怨，只是把客观情况反映上去。

如果基层的真实情况不反映到上层，肯定会影响上层的决策。如果上层的人不经常去基层查看，上级的命令很可能被一层一层地剥削、减少，甚至产生扭曲。最后到达上层的信息就有可能变质。我们特别喜欢报喜不报忧，把领导喜欢听的部分信息汇报上去，以求保身。其实，往往是忧的那部分会给公司造成致命伤。所以与其让其成为致命伤，还不如早一点汇报，早一点发现，早一点解决问题。客观地汇报真实情况是一种责任感，没有做到这一点就是没有责任感，也可以说没有问题意识。

我们有时候会觉得有些事不是大事，没有必要向领导汇报，也就不向领导说了。其实，领导看问题的角度和自己的角度可能不同，从自己的角度看可能没有问题，但从领导的角度看有可能有问题。因此，尽忠在语言表达上就是要如实地向领导汇报工作，不要有所隐藏。

随着信息社会的发展，现场的情况或信息可能在电视会议中得到，越来越多的公司领导脱离现场指挥企业的管理。很多企业出现重大问题，甚至倒闭的原因是领导层没有掌握好底层的第一线信息，从而出现了决策上的判断错误。所以我们要在工作中做到"三现主义"，即现场、现状、现物，如图3-5所示。我们在平时的工作中，要把现场发生的状况（现状）和客观的事物（现物）汇报给上级，及时与上级联系，遇到问题要与上级商量。

| 现场 | **+** | 现状 | **+** | 现物 |

图 3-5　工作的"三现主义"

同时，在行动上，孔子也一样要求忠。

子张问政。子曰："居之无倦，行之以忠。"

（子张问如何搞政治。孔子说："在职位上不疲倦，忠诚地执行政务。"）（12.14）

当弟子问到如何去做好管理时，孔子回答：在行动上，要尽力。也就是朱熹说的"尽己为忠"。扪心自问，我们在工作中有没有真正地为公司出过全力，有没有为公司的发展想过，有没有考虑过公司为什么要雇用我们，有没有想过要是没有公司，我们将何去何从？在实际生活中，我们是不是做一天和尚撞一天钟，得过且过，能偷懒就偷懒，能不干就不多干，能推就推，能占公司的小便宜就占小便宜？我们中有多少人在公司上班时没有干过私事？比如网上聊天或者打私人电话，利用工作之便拿一些小恩小惠，甚至明目张胆向别人索要礼物或钱财？没有忠，我们根本不可能主动去解决问题。没有忠，我们只会做自己的事，打自己的如意算盘，公司的兴衰不关我事。

而当我们把公司的事当作自己的事才会关心公司的问题，才会有责任心，才会用心去解决公司的问题。因此，工作最基本的就是要忠，即忠于岗位，要有责任感。

信

对于孔子来说，做人做事除了讲忠，还要讲信。

子曰："主忠信，毋友不如己者，过则勿惮改。"

（孔子说："以忠诚信实为主，没有不如自己的朋友。有了过失，不怕去改正。"）(9.25)

孔子把信作为人的一个重要组成部分，那信又是什么呢？

信字左边是人，右边是言，就是人说的话，意思就是说到做到。用图来表示就是两个圆，一个是自己说的话，是空心圆。另一个是自己做的事，是实心圆。如图 3-6 所示，如果你讲的话超过你所做的，或者你讲的话和你做的事对不上，就是不信，就会有空心的圆露出来。但如果所说的话和所做的事一致，两个圆就会重合，这就是信。还有，如果你做的事超过你说的话，说明你是谦虚，能够让人感到安心，值得信任。

要做到自己所说的话，这个道理很简单，但却并不容易做到。说话简单，动动嘴就行了，而做事却要花时间和精力。因此在现实生活中很多人说的事和做的恰恰相反，有些人说的事比做的事多得多。有一些人是言不由衷，表里不一。更有一些人口头上一套，做的却是另外一套，认为自己聪明，别人笨，被自己骗了活该。

信不仅仅是性格上的问题，反映在工作上是得过且过，能骗就

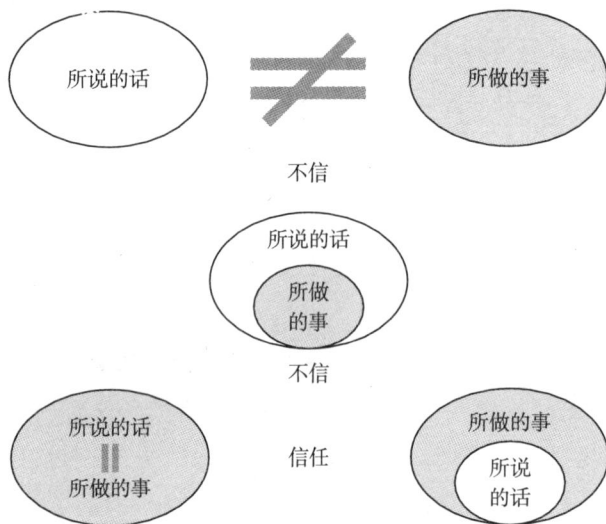

图 3-6　信的结构图

骗，反映在产品上的结果就是假货，山寨版满天飞，产品质量不能让人信服。于是桥会塌下来，路会陷下去，房子会倒，整个社会受到危害。原因之一就是，很多人说的和做的不一样，没有信用。

因此，我们必须正视这个问题，如果没有意识到失信的严重性，后果将不堪设想。

如果人人都不讲信用，那社会将会变成什么样呢？

在生活上，吃的饭不知道米的农药含量是否超标，菜是否用地沟油炒的，煮饭的锅是否含有超标毒重金属。日常生活有多少食品你会放心去吃？牛奶、月饼、咸鸭蛋、瘦肉，吃的、喝的、用的都存在作假问题。

在公司，老板不放心员工，员工不放心老板。同事之间相互排挤，钩心斗角。做事时，同事相互之间不信任，充满怀疑，这样的公司你如何放手做事？

在生意场上，怕对手不守信用收了货不付钱，而对方又怕付了钱收不到货。做生意失去了信任，又如何去做？

在家里，夫妻之间不信任，你怀疑我，我怀疑你，没有休止，一日也不得安宁。

再这样下去，就连最结实的大地也都不放心。走在路上还怕地会塌下去，走在桥上怕掉下去，住在家里担心房顶会掉下来。不知道还有什么可放心的。

就像图3-7中的球一样，如果社会代表一个球，社会中的每一个人代表一个点的话，假如社会中的每个人都不讲信用，那每个点都不是实心的，都是空的。这样，整个球就是一个空心球，没有一种踏实的感觉，只会让人感到不安。不知道下一脚会踩到什么地方，是否会踩到洞里，掉进陷阱。

图3-7　空心地球

所以孔子在回答子贡的关于兵食信问题时，把信放在最高的地位。

子贡问政。子曰："足食，足兵，民信之矣。"子贡曰："必不得已而去，于斯三者何先？"曰："去兵。"子贡曰："必不得已而去，于斯二者何先？"曰："去食。自古皆有死，民无信不立。"

（子贡问如何办政治？孔子说："粮食充足，军备充分，人民信任。"子贡问："如果不得已，要去掉一项，先去哪个？""去掉军备。"子贡又问："如果不得已，还要去掉一项，去哪一个？""去掉粮食。自古以来，人都要死。如果没有人民的信任，政府便维持不住。"）(12.7)

当时兵荒马乱，粮食也没有很多，在那种环境下，孔子依然把信放在第一位，可见信在孔子心目中的地位。现在我们物质虽然非常丰富，但很多人却还是把物质或者金钱放在第一位。在他们眼里，信只是说说的口头禅，是说给别人听的标语而已，实际的行动却是另外一回事，把其他人当傻子，认为自己聪明。可是，这个社会又有多少笨的人？那些被骗过一两次后的人，也学会了不讲信用，学会了骗人。结果是，你卖毒豆芽，我卖瘦肉精的肉，张三卖吃过药的黄鳝，李四就卖打过农药的青菜，王五就卖毒奶粉等。于是整个社会就变样了，大家（不讲信用的人）都骂这个社会，骂社会风气，同时大家（不讲信用的人）又都在干着这些违背良心的事。到最后，就是相互骗，相互把对方当傻瓜，同时又相互伤害。

在当今，有人可能会认为没有信用的人占了便宜，发了财，而有信用的人则像个傻瓜。其实不然，那些有信用的人会得到什么呢？

子曰："信则人任。"

（孔子说："信实就会得到人们信任。"）(17.6)

有信用的人，能被别人授以工作。一旦让领导、同事、生意上的伙伴认为你有信用，自然能得到别人的信任，工作、生意也就自然会来敲门。

另外，有信用的人（信者）就是"储"，一个有信用、能守信的人，就是一个善储的人，如图3-8所示。储可能是储钱、储物，也有可能是储人。而一个成功的人，就必须要有各种各样的资源储备。所以想成为一个成功的人，先要成为一个有储备资源的人，而要做到这一点，就必须先成为一个有信用的人。个人是如此，公司、国家当然也不例外。没有信用的成功很多都是昙花一现，比如这几年，有很多有"特异功能的大师"倒下去了，但是会精彩魔术的人却一直非常受欢迎。

信 ＋ 者 ＝ 储

图3-8 信和储的关系

还有，像毒奶粉这样没有信用的产品短期内可能会提升效益，但从长期来看是得不偿失。因为总会有一天会被人发觉，导致失败。当事人想加快速度赚钱，以至于采取各种不法手段来达到自己的目的。他们并不笨，但脑筋动错方向，把聪明用在了不恰当的地方。结果适得其反，毒奶粉事件之后，有多少人敢喝国产奶粉？奶粉公司要取回国民的信任还要花多少时间？

日本也发生过这样的事，牛奶制品公司雪印因出现质量问题，一度被封闭。虽然现在重新开业，但销量远远不如从前，原来的客户再也不回头了。一旦失去了客户的信任，再想挽回根本不是件容易的事。

因而信是一种责任心，既是对他人的责任心，同时也是对自己的责任心。我们要对自己说过的话负责，自己说的话哪怕是一个玩笑、一个恶作剧，但在某些场合、某些时间，在缺少信的前提下，可能会演变为很大的社会危机。比如"GMM事件"是个人的炒作，但对红十字会来说，却造成很大影响。公益集团的运营明显受损，所得捐款大大减少。这种个人行为影响了红十字会，又最终影响到社会，个人的信说到底是对社会的一种责任。

信，不仅是别人的事，公司的事，国家的事，还是我们大家的事，每个人的事。要想改变失去信任的现状，我们要多花时间、精力去想、去行动。

我们经常讲幸福，真正的幸福，不是短暂的而是持久的，是建立在相互信任的基础上，建立在一个能彼此信任的、能安心的社会的基础上，这才会让我们得到内心深处的幸福。所以，在这个意义上可以说幸福其实就是"信福"。

当然，也不是只要做到信，就万事大吉了。信是有条件的、有前提的。信要有一个方向、一个目的，就是所做的事要符合义，要对国家、社会有贡献，才是真正的信。

有子曰："信近于义，言可复也。"

（有子说："讲信任符合理则，才能履行承诺。"）(1.13)

现在，有官商联合起来骗国家、骗国民的钱，他们之间可能也讲信用，但受益的只是他们，老百姓和国家则受损。所以信是要建立在为人民、为国家谋发展和谋利益，为解决国民的生活和需求的前提下，信的方向才是正确的。

　　另外，信还要建立在充分掌握相关的信息和知识之上，否则光讲信的人可能会被骗，可能上别人的当。比如做生意，签订合同一定要防止被骗。为了防止被骗，需要全面详尽地了解相关知识和信息。只有不断学习，才能知道什么才是应该守信的、应该履行的，什么是容易受骗的、要提防的。要清醒、客观地判断，绝不能轻信他人的花言巧语。

子曰："好信不好学，其蔽也贼。"

　　（孔子说："喜欢信实而不喜欢学习，那毛病是狭隘。"）（17.8）

　　还有，信的主体不同，其层次以及范围也不同。个人要讲信，企业、社会、国家也要讲信。如图 3-9 所示，个人的信是个人言行

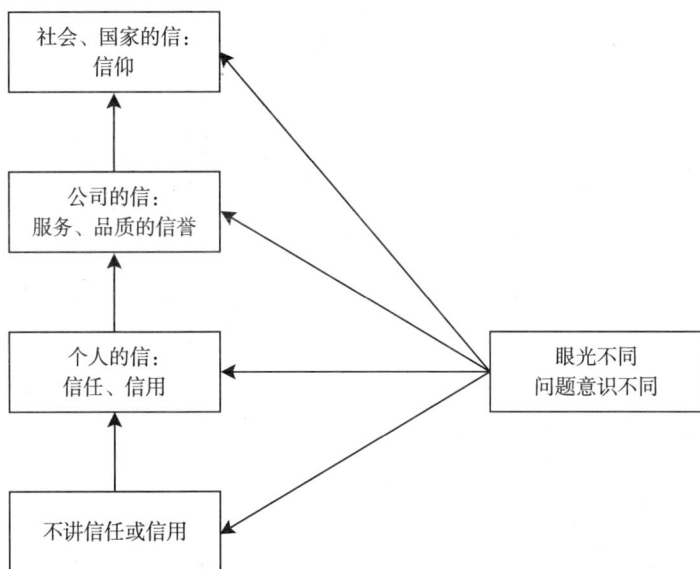

图 3-9　信的类型

的信用。企业的信既包含了各个工作人员的信用，又有产品和服务的信用。对企业来说，信是对自己产品负责，对使用自己产品的客户负责，同时还要对自己的员工负责，当然也要对整个社会负责。企业的信，一般体现在产品和服务的信用度上。而社会或者国家的信包含了个人和企业的信，可以上升到对社会或国家的信仰程度。每个人都讲信用，每家企业的产品和服务都值得信赖，这样的社会或国家人心向之，是一个"信福"的乐土。因此，我们把眼光放在不一样的层次，问题意识就不一样的，行动和产品也不一样。

礼

孔子不仅非常重视忠和信，还非常重视礼。

颜渊问仁。子曰："克己复礼为仁。一日克己复礼，天下归仁焉。为仁由己，而由人乎哉？"颜渊曰："请问其目。"
子曰："非礼勿视，非礼勿听，非礼勿言，非礼勿动。"

（颜回问如何是仁？孔子说："约束自己以符合礼制就是仁。有一天都这样做，那中国就都回到'仁'了。这样做全靠自己，还能凭靠别人吗？"颜回说："请问具体的途径。"孔子说："不符合礼制的事不看，不符合礼制的事不听，不符合礼制的事不说，不符合礼制的事不做。"）（12.1）

在日常的生活中如何才能成为一个有责任心的人呢？孔子认

为，"非礼勿视，非礼勿听，非礼勿言，非礼勿动"，即内心的责任应通过行动、履行礼来完成。

礼是一种行为规范，它的概念很广，从日常起居到国家的法律制度，包括了生活的方方面面。但礼如何表现责任，特别是如何表现个人的社会责任？

在现在的社会，我们是非常重视礼的。比如，一般科长主任级的人抽烟要抽 50 元以上一包的烟，酒要喝 300 元以上的酒。而一般的办事人员大概要抽 20 元以上的烟，喝 100 元以上的酒。什么领导上什么档次的菜，上多少规格的菜，这些都很有讲究。有一次笔者回家过年，在机场买了两条 2500 日元的烟回去，准备春节时招待亲戚。在笔者印象中，那个牌子的烟好像是很好的。结果回去后，朋友说，这个烟太便宜了，很少有人在交际时抽，一般的人应酬或在过年时都抽 50 元以上的烟，22 元的烟没有面子，会被人瞧不起。

我们为了显摆自己的身份、地位，还有面子，都选择抽高级烟、喝名酒、拎名包、戴名表、坐好车这种方式。其实有些东西从原料和成本上来说，高档和低档之间并没有太大差距，但它们的价格却差得很远。比如酒，为什么高档酒的价格能这么高，一个重要的原因就是喝好酒有面子、够档次。在某些场合，喝酒喝的不是酒的质量，不是营养，而是酒的价格，是自己和对方的面子。

一般的公务员，或企业的科级干部一个月的收入也就三四千元，假如一天抽一包 50 元的烟，一个月下来就是 1500 元，仅烟的消费就是工资的一半，还有交通费、生活费、小孩教育费、父母的赡养费等其他开支，如果还要供房，他如何支撑生活？哪里还有余钱戴名表、穿名牌、拎名包？如果一个一般收入的人正在享受这

些，又没有很厚的家底的话，很可能就会利用工作之便收礼。甚至你不送礼他就不给你办事、给你拖、找缺点、谈条件。所以有时会出现"办事不送礼，不找人开路，就别想成功"的坏风气。假设办事员都收礼的话，那讲廉洁反而有可能会被骂傻瓜，会遭排挤。在这种环境中，又有几个人能不为自己谋私利，把全部的精力放在工作上？所以社会风气和礼有关，社会问题也和礼有关。

不顾现有经济实力，过度奢侈地讲究礼会出问题，所以孔子在回答弟子问礼的本质时说的答案可能说明了这个问题。

> **林放问礼之本。子曰："大哉问！礼，与其奢也，**
> **宁俭，与其易也，宁戚。"**
>
> （林放问礼的根本是什么？孔子说："大问题。礼，与其铺陈奢华，不如简朴节俭。"）(3.4)

在封建社会，人分很多等级，人应该按照自己的等级、身份地位来行礼，超过了自己的地位的礼就是不懂礼。而现在，等级虽然已经没有了，但家庭条件、经济实力、社会地位的差距还是有的。所以孔子的礼在现代社会或许可以理解为遵循社会的行为规范，按自身的经济条件和能力来行动。我们要按照自己的实际情况来讲礼，如果超越了自己的经济情况，就有可能造成贪污腐败。在这个意义上说，遵守适于自己的礼就是对自己负责，对工作负责，对他人负责，对社会负责。这也就是孔子为什么一定要求人遵守各个等级的礼的原因。

说到烟酒，我们还要说说酒席。中华民族有一些很好的习惯，比如好客、热情、讲礼貌。不过有时候太热情，却适得其反。有时

候请人喝酒一定要把你灌醉，菜一定要多的吃不完，剩下很多才是热情好客，才是给面子。也许是因为我们苦了太长时间。在改革开放之前，很难吃上一顿肉，更别说吃酒席。现在好不容易解决了温饱问题，一有机会自然会大吃大喝，一醉方休才过瘾。所以，在饭店吃饭时一般会留下很多菜，有时一半被浪费掉。

对于请客吃饭出现的浪费问题，有人可能会说，我浪费的是我的钱，关你什么事！的确，钱是你掏的，食物是你买的，你怎么处置别人无话可说。但别忘了，这种观点是停留在个人角度的看法。如果从社会的角度来看，你买下的东西是社会提供的，吃完后由社会处理。个人行为会影响整个社会，不能绝对地说与别人没有关系。比如浪费行为给粮食的产量增加压力，间接导致农民往田里的稻谷上打更多农药。

在20世纪80年代的老家，一亩田的产量在700多斤就已经很好了，现在基本上在1200斤以上。以前从秧苗种下去到收割上来，基本是喷洒2~3次农药，而现在要喷洒10次以上。以前牛粪、猪粪、羊粪、人粪等都是往田地里送的，现在全是用水冲掉，然后用化肥来给田里施肥。农产品的增产除了品种的不断改良外，农药化肥等的功劳也不小。结果农产品的质量不及从前，米的口感变差，养出来的猪肉也不如以前用糠喂养的香了。农药量、施肥量大不仅影响农产品的质量，还会导致其他更严重的问题，比如水污染问题。因此，浪费大，需求就大，粮食的产量也随之增大，为了增产，会大量使用农药和化肥，结果就是污染大，各种农产品超标，最终大家的身体就会慢慢变差。

因此，浪费不仅在害你自己，也间接地危害你的家人、朋友、社会。你的一次不经意的浪费会造成一种伤害。因此，吃饭浪费其

实是一种责任，一种对自己的责任，同时也是一种社会责任。

所以孔子才会说，人没有责任怎么会有礼，人没有责任怎么能够乐。

子曰："人而不仁，如礼何？人而不仁，如乐何？"

（孔子说："人如果没有仁爱，讲什么礼？人如果没有仁爱，讲什么乐？"）(3.3)

我们讲究面子，或许也有人可能会认为讲礼就是讲面子。但孔子的礼和我们一般理解的面子是两回事。面子是以自我为中心的一种主观意识，其前提是个人的得失、个人的尊严。面子是用自己的标准去衡量别人对自己所做的事、所持的态度，面对的是自己的心、自己的价值观，所以面子可以说是面对自己，也就是"面自"。而礼不是以自己为标准，而是以社会为标准，是以社会责任为内在依托。

孔子讲的礼是社会上公认的、默许的待人接物的表现形式，他强调尊重别人，以别人为重点。如果从礼的角度解释面子，那面子应该是做与自己身份匹配的事，遵守适当的礼节。或者可以这样说，面子应该是权衡自己是否有社会礼仪、是否有社会责任的一个标准，是否违背社会正义和社会道义，是面对自己的责任。

也许，对孔子来说，面子就是有社会责任感的"面自"，你对社会负的责任越大，"面自"就越大，你对社会越有贡献，"面自"就越大。"面自"就是从社会的角度来衡量的，不是由自己的标准来衡量的。

还有一种礼是言行之礼。

在日常生活中，我们经常听人说，这个年轻人不懂礼貌，不懂规矩，做事还不行。说明这个年轻人还不成熟，做事还有待提高。这句话的背后体现的其实就是孔子的思想。

> **子曰："不知命，无以为君子；不知礼，无以立也；**
> **不知言，无以知人也。"**

（孔子说："不懂得命运，没法做君子。不懂得礼制，没法自建立。不懂得语言，没法判断人。"）(20.3)

礼是一种为人处世的能力，掌握礼就是拥有一种独立的、成熟的能力。

比如，让座表面是个人的道德问题，但后面其实隐藏着更多的内涵。试想如果一位老人在车上摔倒（受伤的场合），老人得去医院治疗，而医疗费的一部分是由国家来支付。这部分的钱源于每个人缴的税金。因此，让座可能关系到我们每一个人的利益，让座是社会责任。我们能否意识到让座的重要性的关键是我们有没有这种问题意识，有没有一种超越个人的广泛视野。

与让座一样，挤公交、挤地铁不排队也同样与社会责任有关。在某些地方我们不排队，不管还有没有空位子，不管身边是否有老弱病残，大家都是一窝蜂往车上挤，就怕落在别人的后面。这样的结果就是造成了混乱，容易出问题，比如容易造成乘客摔倒。"小悦悦事件"的前身"彭宇事件"可能就是在这样的情况下发生的吧。

另外，不排队、拥挤还容易给不法之徒制造机会。上下车拥挤时，最容易丢东西。因为你的注意力集中在如何上车，所以小偷就有机可乘。要断掉小偷的机会，好好排队就是一个办法。可见不排

队，不仅是对维持社会公共秩序的威胁，更是造成犯罪的温床。从某种意义上可以说，我们是被害者的同时也是间接的加害者。

在马路上开车也是一样。我们都非常浮躁、不耐烦，只要前面有一点点孔隙，车子肯定不会放过，有时刷个信息的时间就有可能被后面的车给加塞儿了，也不管什么交通规则。为什么大家不按顺序开，为什么一定要加塞儿！难道就因为那几分钟？根据百度文库，2010 年全国的交通事故 21 万起左右，死亡人数 6.5 万人，其中有多少是源自不遵守交通规则？我们为什么不能相互礼让，如果严格地遵守交通规则，那样会减少多少交通事故。遵守交通规则和交通礼仪，不发生交通事故不就是对自己负责，也是对他人负责吗？

在日常生活的礼仪中，还有一个穿着的问题。我们喜欢说不拘小节，所谓做大事者不拘小节。但是穿着是不是也算小节呢？在日常生活中，很多人穿着邋遢，不修边幅，且不分场合，正规场合、公共场合和私人场合不分，上班和休闲也不分。并不是说非要穿名牌、穿流行，穿着重在整洁得体。

假如一家饭店里的员工穿的制服又脏又皱，厨师不戴帽子，或者戴一顶很脏的帽子，你还想吃他炒的菜吗？以前住公司宿舍时，喜欢在宿舍旁边的摊子上买小炒和盒饭带回去吃，后来有一次在等炒菜时，老板先用手抠了一下鼻孔，并把手在裤子上擦了一擦，然后接着炒。再一看裤子，竟然油迹斑斑，很脏，好像好几天没洗了。再回想一下，他是用手拿菜放进锅里的！而且，吃他炒的菜已经吃了几年了！从此之后，在外边买东西吃时，一定要先看厨师或服务员的衣服，再决定买不买。

曾经在一家工厂的现场看到墙上挂了一块板，板上面写着"衣乱，心乱"，觉得很有道理，如图 3-10 所示。因为一个连衣服也管

理不好的人，如何能管理好自己、管理好自己的工作？所谓"一屋不扫何以扫天下"。表面看到的是你的衣服，里面看到的是你的心和管理自己的能力。在公司上班，在和他人交往时也是一样。如果对方穿着邋遢，做事松散，你可能不会与他做事吧。而对公司来说，连员工的服装也管理不好，如何能管理好产品或服务质量？公司的业务可能就要会受影响。因此，每个人的穿着在公共场合或公司上班时一定要整齐、干净。

衣乱，心乱

图 3-10　衣乱和心乱

其实穿着也是一种礼，一种责任。在私人场合是对自己负责，在公司是对公司负责，只不过这种责任并不是显而易见的。

还想说一件有关厕所的事。在公共场所，有多少干净的厕所？汽车站、火车站、商场、高速公路上的休息区等的厕所，有多少是干净的？有一次，和一个司机朋友聊到厕所的问题。司机朋友说有一次送一位女客人去上海，途中女客人去了一趟厕所，女客人从厕所出来的时候，身体上下晃动，大口吸气，并用手拍胸。后来问女客人是怎么一回事，女客人说是厕所太臭太脏，憋了一口气冲进去再冲出来的，所以用手拍胸了。在这里特别想提到的是饭店的厕所，除了上星级的饭店里的厕所，有一些饭店的厕所真的不敢恭维，客人上厕所很痛苦。更重要的是饭店员工怎么上厕所，上完厕所后如何继续工作？如果一家饭店的厕所没有管理好，那么这家饭店的服务质量就有可能管理不好，他也就不可能对客人的健康负

责。所以，厕所也是一个非常重要的、体现责任的一个地方。

让座、挤车、穿着、厕所这些是日常生活中细小琐碎的事，表面看似乎无关紧要，但与礼、责任有关，无形中影响着我们。

接下来我们从脑科学的观点上解释一下，为什么穿着、挤车、让座等行为影响着我们，为什么孔子要强调"非礼勿视、非礼勿听、非礼勿言、非礼勿动"。

在脑科学领域，人脑可以分为 A 脑和 B 脑。A 脑的功能是负责和外界接触，接受外界的信息，与外界发生联系。B 脑的功能是检查 A 脑是否正确，是否正常，是在自己的脑中对接受的信息进行再处理，如图 3-11 所示。

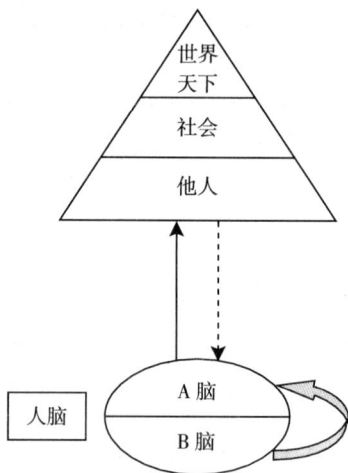

图 3-11　A 脑和 B 脑作用图

B 脑是有标准的、有自己的价值观的存在体，与上述讲的面子的自我评价标准有共通之处。但这个标准并非生而有之，而是从日常生活中慢慢积累出来，也就是从家庭、学校、朋友、书本等环境

中一点点塑造而成的。我们先有了这个标准，然后再用这个标准去衡量自己所面对的事物。这符合马克思哲学中所说的"存在决定意识"，即社会现象或社会的客观存在决定人的意识。从这一点来看，社会是个人价值观的起源，或者说是形成个人价值观的原材料。因为 B 脑的标准源于社会，所以，个人的事其实就是社会的事，对自己负责就是对社会负责。

为什么孔子要我们对不是礼的事物不要看、不要听、不要说、不要做呢？

我们对于日常生活中经常接触的事物会慢慢觉得熟悉，自然而然地接受或习惯它，哪怕是不让座、邋遢穿着、挤车之类、脏厕所等行为，久而久之就会习惯、会容忍，甚至觉得没有什么错，潜移默化地成为 B 脑的评价标准，并有可能以这个标准来看世界、来行动。所谓"近墨者黑"，如果每天看到的、听到的都是非礼的内容，自然而然，自己的标准也可能会渐渐地受其影响，觉得这样做有一定道理，渐渐地，价值观就会改变。

所以，孔子强调在思想的入口处要把好关，不要让非礼的东西进入自己的视野，不要让自己受影响。这就是"非礼勿视、非礼勿听"。在出口也把好关，自己首先不说非礼的话，不做非礼的行动，这就是"非礼勿言、非礼勿动"，如图 3-12 所示。

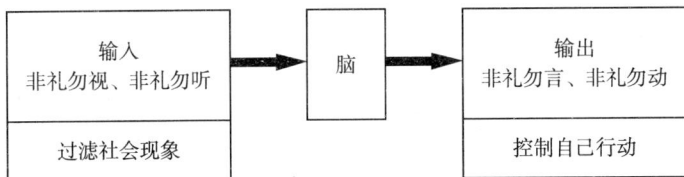

输入 非礼勿视、非礼勿听	脑	输出 非礼勿言、非礼勿动
过滤社会现象		控制自己行动

图 3-12 行礼的概念图

因为个人的判断标准在很大程度上受外在环境的影响，所以我们在看待流行时特别需要反思其利弊，不能随波逐流。比如，在很多地方，由于家长过度担心，或者医生害怕担责任，结果导致吃药、打点滴成为主流的治疗方法。小孩一发热，或者有一点感冒，就马上去医院打点滴、吃药。其实，发烧和感冒等病要看原因，小孩的恢复力很强，有很多时候是不需要吃药的，过几天就会自愈。如果一生病，就吃药或者打点滴，免疫力就会慢慢变弱，越来越依靠药物来治疗。对于某些小病而言，不吃药、不打点滴、好好休息、勤漱口、勤洗手才是真正的良方。

我们大人感冒发烧，有时喝几碗姜汤，睡一觉也就没事了。在这里不是说感冒发烧不治疗，只是想说要看是什么样的病，如果检查结果能靠自己免疫力恢复的小病就不需要药物治疗。这不是没有问题意识，恰恰相反，需要有正确的问题意识和正确的问题解决方法。

分娩也是如此，自然分娩是最正常的状态，在无法正常分娩，也就是不正常时，才采用动手术、剖腹产等方法。但现在剖腹产却成为主流分娩方法。原因也许有很多，但现在剖腹产慢慢地变成了一种习惯，甚至成了一种大家都能接受的标准。很多医院也都以此为主流方式，使正常的变成了不正常，不正常的变成了正常。顺便提一下，中国的剖腹产比例在2010年超过50%，而全世界的平均比例是10%。

因此，一个人的行为举止在无形中影响着别人，同时也受别人影响。一个有责任心的人，一个有社会责任感的人，他的行动必然是谨慎的，随时注意自己的行动有没有给别人造成不好的影响，有没有给社会带来麻烦。如果注意到了这些，就会随时随地注意自己的行动。

子曰："君子无终食之间违仁，造次必于是，颠沛必于是。"

（孔子说："君子一刻也离不开仁，匆忙急促的时候是这样，困难奔波的时候也这样。"）（4.5）

什么是真正的礼，礼的本质是仁，是爱人，是尊重别人，在对别人负责的同时，也是对自己负责。如果自己的行为或思想没有礼的约束，没有一种责任感，则有可能会出现很多问题。

过

当然，大家都是凡人，并不能在所有时候对所有事物都能"非礼勿视、非礼勿听、非礼勿言、非礼勿动"。大家都有可能犯错，在孔子的弟子中，也只有颜回才能3个月不违仁。但是犯错并不要紧，关键是看一个人如何面对错误。因此在行动时，除了注意礼之外，还要注意"过"。"过"也是仁的一个重要组成元素。从一个人犯的错误就能看出那个人是否有仁，是否有责任心。

子曰："人之过也，各于其党。观过，斯知仁矣！"

（孔子说："人犯错误，各有种类。观察他的错误，就知道他是哪种人了。"）（4.7）

这句话可能还有另外一种解释，即看一个人如何面对过失，就能知道那个人是否有仁。

每个人都会犯错，人的一生，几乎可以说是在犯错中学习成长的。特别是我们在面对第一次经历的事物的时候常常容易犯错。而我们的人生也会经历无数的第一次，因为我们的工作、感情、家庭一直都在变化，比如，第一次约会、第一次谈恋爱、第一次工作、第一次有孩子、第一次面对亲人的生死离别。面对第一次经历，面对新的环境，大家往往束手无策，不知道选择哪种方法或出路，在选择时都是有可能犯错的。

不仅仅是面对第一次的时候难以选择、容易犯错误，其实生活本身也是一种选择，人从一生下来到走完人生就一直在不停地作选择。上幼儿园、小学、中学、大学，读什么专业，以后做什么工作，找什么对象，买什么车、什么房子，都是在选择。还有日常的吃饭穿衣及娱乐等都是在选择。所以，孔子说权是最难的。

子曰："可与共学，未可与适道；可与适道，未可与立；可与立，未可与权。"

（孔子说："可以一起学习，未必可以走同一条道路；可以同走一条路，未必可以坚持同样的原则性；可以坚持同样的原则性，未必能有同样的灵活性。"）(9.30)

因为每一次行动都是在选择，犯错误在所难免，问题的关键在于如何减少过失和如何面对过失，吸取教训，避免犯同样的错误。

很多人在犯错时，第一反应是把责任推卸给他人，怪罪于他人，而不是静下心来客观地分析、评价问题的真正原因和责任，分析在产生的问题中自己有没有间接或直接的责任。

子曰："君子求诸己，小人求诸人。"

（孔子说："君子要求自己，小人要求别人。"）（15.21）

君子在遇到问题时，首先找自己的原因，而小人则是先从别人身上找原因。面对过失时，我们往往倾向于找别人的原因，因为我们看别人看得比较清楚，而要看自己就没那么简单了。就像看别人的脸看得很清楚，但看自己的脸就得依靠镜子一样，特别是要看清全身还需要一面大镜子。所以我们很容易在别人的身上找原因，但往往看不到自己的缺点。

其实，问题背后往往有多种多层次的原因，比如有主要的、次要的。看问题的态度不一样，找出的原因就不一样。而原因找不对，抓不住主要原因，问题就无法得到真正的解决。

就像吸毒一样，有人觉得吸毒是社会的风气不好，是社会的环境把吸毒者给带坏了。其实，这个社会上的每一个人都有可能去吸毒，但不是每个人都去吸毒。原因找不对就永远解决不了问题。

还有一种人遇到问题就为自己找借口，比如，因为堵车，所以迟到了。这种找借口的行为会转化为知错不改的恶习，即明明知道自己的问题但就是不改，为自己找各种借口。比如，今天不想去上课，就请假说自己感冒了。请假虽是小事，但这种找借口掩盖自己错误的思维方式却是大事。这种找借口的人在孔子那个时代也有。

冉曰："非不说子之道，力不足也。"子曰："力不足者，中道而废。今汝画。"

（冉说："不是不喜欢你的思想学说，是我力量不够。"孔子说："力量不够，走到半路才会停住。你现在是画定界限不上路。"）（6.12）

冉有在还没有做之前就打退堂鼓，找借口说力量不足，这样的说法我们并不陌生，我们也总是喜欢说，自己已经老了、不行了，只能把希望寄托在下一代。其实这只是一个不学习、不努力、为放弃努力找的借口而已。其实这种思维方式就是在推卸责任，为可能存在的失败或潜在的失败推卸责任。这种思维方式还让人看不到未来，看不到更高目标，丧失了发展空间。这可能就是别人说过的"人最大的悲哀是还没有去尝试就认为自己失败"。更糟糕的是，这种放弃自己找借口的做法会影响下一代，自己的所作所为，全逃不过孩子的眼睛。假如自己努力改变自己，这一切，孩子一定会看在眼里，记在心里，养成不轻言放弃的习惯。这就是所谓的言传身教。

面对过失，如果为自己找借口，把自己应该负的责任推卸给别人，就会把追究犯错的真正原因的机会给放弃了，也就是把解决问题的机会给放弃了。不是我负责的，不关我的事，是别人的错，一旦有了这种思维方式，就不会去思考应该如何解决问题。以后遇到同样的问题，也许还会出现同样的后果，有错也改不了。找借口和推卸责任虽然也是一种问题解决方式，不过是最差的方式而已，无助于问题的真正解决。而且如果习惯运用这种方法，以后可能成为惰性并一直依赖它。反过来，如果你勇于承担责任，去思考犯错的真正原因，则以后出现类似的问题就会知道如何处理。所以孔子才批评知错不改。

子曰："过而不改，是谓过也。"

（孔子说："有了错误不改正，这就真是错误了。"）（15.30）

改正错误需要勇气，因为改变需要勇气，一种面对自己的勇气。

子曰："仁者必有勇，勇者不必有仁。"

（孔子说："仁爱的人一定勇敢，勇敢的人不一定仁爱。"）
（14.4）

勇气是明知危险但还是愿意去行动或承担责任。如果不知道危险而去行动的话就不是勇气，只是无知者无惧。因此，看一个人如何面对过失就能知道他是否有勇气去改正过失，是否有责任心，是否值得信赖。反过来说，如果他有责任心，就会有勇气去面对现实，面对失败，就会发现问题的真正原因，就会培养自己的问题意识和问题解决能力，从而成为解决问题的高手。

另外，《论语》里还记载了与仁有关的5点要求。

子张问仁于孔子。孔子曰："能行五者于天下为仁矣。"
"请问之。"曰："恭，宽，信，敏，惠。恭则不侮，宽则得众，
信则人任焉，敏则有功，惠则足以使人。"

（子张问孔子如何是仁？孔子说："能够在天下实行五种德行，就可以说是仁了？""请问哪五种？"孔子说："恭敬、宽厚、信实、勤敏、恩惠。恭敬就不会侮辱人，宽厚就会得到大家的拥护，信实就会得到人们的信任，勤敏就会使工作有效果，有恩惠就能够指动人们。"）（17.6）

在"恭、宽、信、敏、惠"这5点里，信在前面已经讲过，不再重复。恭是恭敬的意思，因为与礼相近，本书把恭归纳为礼，这里也不再做说明。下面简单解释一下敏、惠、宽3个概念。

敏

敏则有功，敏是指行动要及时、要掌握好时机，遇到问题要尽快解决、不能拖。一定要在必要的时间给必要的人处理需要解决的问题，在一定的时间内完成任务是一种责任。比如在日常工作中，要及时向领导汇报工作情况，或者在交货期间内完成任务等，尤其与事故和灾害有关的民生问题或生存问题，受害者所面临的问题一定要及时解决，行动一定要快速、敏捷、及时。很多时候，问题不能拖，越拖问题越大。另外，发生质量问题时，肇事公司要在第一时间给大家一个交代，让大家明白事情的真相，这也是对社会的一种责任。敏与时间的看法有关（参考"时"章中的解释）。

惠

惠足以使人，惠是要让别人得到利益。没有报酬的行动是很难持续的。人生活在社会上，有生活上的需求。一味追求精神上的高尚是很难持续的。绝大部分的人是为了生活而奔波，一定的报酬能让人工作有动力。报酬是对工作者的一种责任，也是企业的社会责任。所以，如果说儒家不讲利，这可能是一个误解。孔子非常重视利，不过不仅仅是个人的利，更重要的是大家的利，社会的利。

子适卫，冉有仆。子曰："庶矣哉。"冉有曰：
"既庶矣，又何加焉?"曰："富之。"

（孔子到卫国，冉有赶车。孔子说："人口真多啊。"冉有问："人口够多了，下步该怎么办?""富裕他们。"）（13.9）

让企业员工富有是企业的头等大事。同样，让老百姓富有是国家的头等大事。孔子学习和修身的目的正是让百姓得到安定、自由、富裕的生活。

子路问君子。子曰："修己以敬。"曰："如斯而已乎?"曰：
"修己以安人。"曰："如斯而已乎?"曰："修己以安百姓。
修己以安百姓，尧舜其犹病诸?"

（子路问如何是君子? 孔子说："修养自己，严肃认真地对待政务。"子路说："就是这样吗?"孔子说："修养自己，使别人安乐。"子路说："就是这样吗?"孔子说："修养自己而使百姓安乐。修养自己而使百姓安乐，尧、舜也还不易做到哩。"）（14.42）

宽

宽而得众，宽是对别人的宽容，理解别人的处境。比如在出现问题时，不把责任都推给别人，不多责怪别人，而先在自己身上找原因、找责任。当你把事情的真正原因搞清楚，客观地评价自己的责任，宽容地对待他人的话，同事或部下也会认同你、跟随你，接

受你的影响。大家一般会喜欢与有责任心的人相处，这样会有信赖感，觉得踏实。可以说，越有一颗宽容的心，跟随的人也就越多。

叶公问政。子曰："近者悦，远者来。"

（叶公问如何办政治。孔子说："近处的人民多欢乐，远处的人民来依归。"）（13.16）

综上所述，仁是一种个人的社会责任，具体由孝、忠、信、礼、过、敏、惠、宽8个部分组成，这8个构成要素相互联系、相互作用、相互影响。如果把个人的社会责任用圆来表示，则在这个圈里有8个分区，如图3-13所示。如果这8个分区能都做好，则这个圆是实心的。如果其中的某一点没有做好，则相应的责任区就是空的。比如图3-13中的过，是说某个人容易推卸责任，不认真面对自己的过失。空心越多，显示这个人越没有责任心。如果8个部分都没有做好，那整个圆就是空心的。

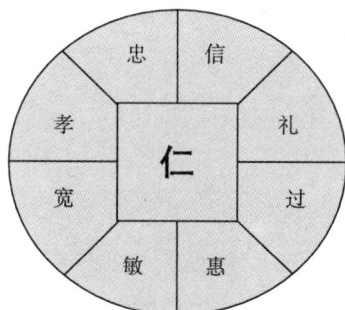

实心圆图

图3-13 个人的社会责任构成图

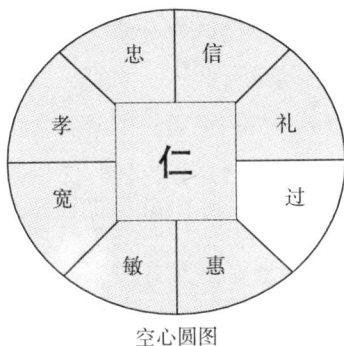

空心圆图

图 3-13 个人的社会责任构成图（续）

如果把整个社会按照个人的社会责任来划分责任区，则社会可以分为个人直接负责的区域（简称直接责任区）、个人间接负责的区域（简称间接责任区）和无责任区 3 个部分，如图 3-14 所示。直接责任区是自己直接负责任的地方，比如自己的家庭、工作、人生等。间接责任区虽然不由自己直接负责，但和自己有联系，比如

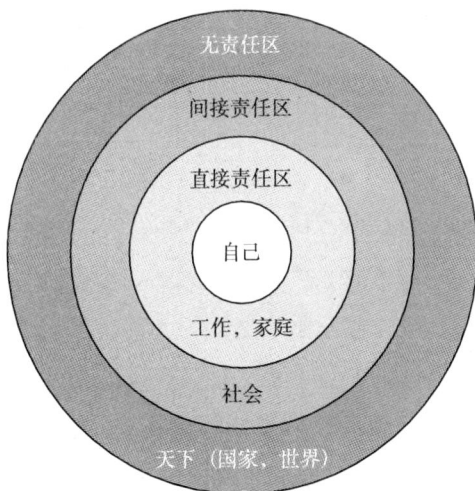

图 3-14 责任区图

同事、朋友、邻居、小区的环境等。自己的为人处世会影响别人的工作和生活，所以称为间接责任区。无责任区是指与自己没有直接联系的地方，但这个区域在一定条件下会受自己的影响，成为间接责任区，其在本章解释"克己复礼为仁"这句话时已经解释过了。

表示个人的社会责任的"仁"既包括直接责任区，又包括间接责任区，它不是封闭的，而是开放式的，并不断和外界发生联系和交流，随着直接责任区和间接责任区的变化不断在变大或变小。越是公众人物（高官、明星、有名人士等），责任区（包括直接责任区和间接责任区）越大。责任区越大，容易出现空白的可能性就越大。因此，越是高位，越要注意责任区空白的问题。也就是说，责任区越大的人越要注意自己的责任问题。

责任心不是别人能强加于身的，必须要自己想做才能做得到，也就是"为仁由己，而由人乎"。想出人头地，想做高官，想成功，就要做一个有责任，特别是一个有社会责任的人！要努力把自己的责任区扩大，如图3-15所示。你的责任区越大，你需要负责的人或地方越多，说明你就越成功！

另外，在一定的条件下，责任区的中心直接传到外围，使无责任区变为间接责任区。这是因为信息技术的发展，使信息在很短时间内在全世界内得以传播。比如"饺子事件"，"小悦悦事件"，可能只是简单的一个交通事故，或者是个人的一个恩仇故事，但其结果则会影响国家的形象，甚至国家之间的关系。（参考"恕"章）

一个人如果能做到上述8点，他就会问心无愧，他的内心必然是充实的、安详的。他不会忧患，不会天天诚惶诚恐，担惊受怕，也就是仁者不忧。

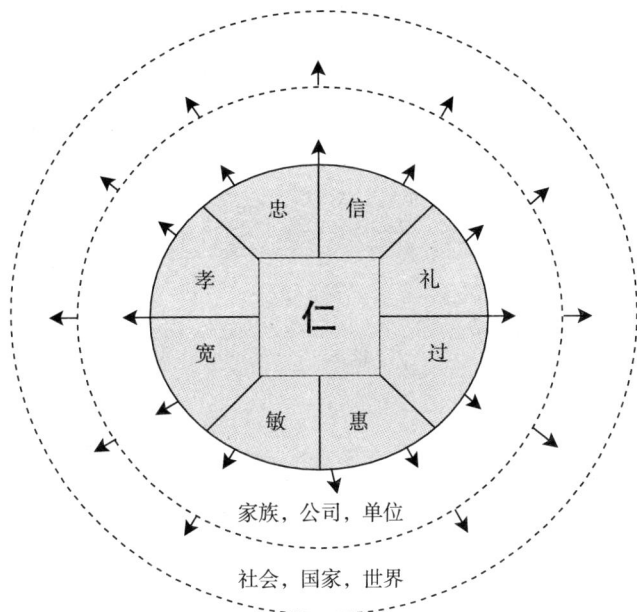

图 3-15 责任区扩大图

子曰："知者不惑，仁者不忧，勇者不惧。"

（孔子说："聪明的人不疑惑，仁爱的人不忧愁，勇敢的人不畏惧。"）（9.29）

为了达到"仁者无忧"的境界，要做一个有责任心、责任感的人。除了头脑风暴（意识革新）外，通过其他方法也能帮助或促进达到，或完成这个过程。

其中一个是要找好的榜样，要交好朋友，物以类聚。

子贡问为仁。子曰:"工欲善其事,必先利其器。居是邦也,
　　事其大夫之贤者,友其士之仁者。"

(子贡问如何去实行仁?孔子说:"工匠要干好他的制作,必先
磨锐他的工具。住在一个国家里,就要事奉有贤德的官长,结交那
些有仁德的知识分子。")(15.10)

"近朱者赤,近墨者黑",一个人如果能和优秀的、有责任心的
人经常在一起,自然而然受其影响。一个人如果和没有责任心的人
在一起,自然而然,世界观、价值观也可能会受影响。所以孔子认
为要找一个有责任心的贤者作为自己的偶像,或者和有责任心的人
做朋友。

还有一个方法是学。

子曰:"好仁不好学,其蔽也愚。"

(孔子说:"喜欢仁爱而不喜欢学习,那毛病是愚蠢。")(17.8)

不是仅有责任心就可以了。有时有责任心反而会被人利用,会
做错事。如果缺少了知识、信息、智慧时,判断肯定会受影响。一
旦方向错了,就会变成南辕北辙的悲剧。所以,学习(知识)与智
慧对人的问题意识具有重大意义。

第四章

知

在《论语》中，"仁"是一个重要的理念，被提到 109 次，但还有一个理念比"仁"出现的次数还多，那就是"知"。"知"在《论语》中共出现了 118 次，孔子为什么这么反复提起"知"呢?

> 子曰："不知命，无以为君子；不知礼，无以立也；不知言，
> 无以知人也。"

（孔子说："不懂得命运，没法做君子。不懂得礼制，没法自建立。不懂得语言，没法判断人。"）(20.3)

这是《论语》的最后一章，可以说是对《论语》的一个总结。在这里，孔子提到 4 个知，即"知命"、"知礼"、"知言"和"知人"。"礼"和"言"是现存的知识和信息，因此"知礼"、"知言"是掌握知识和信息。而"人"和"命"则是在变化的、要预测的，因此要做好"知人"和"知命"需要智慧。

"知"在《论语》中有多种意思，既用作动词表示知道、了解、学习、掌握等，也用作名词表示知识和智慧等意思（古代知同智）。

另外，"知"字，左"矢"右"口"，从字形上看，意为口中说出的话像箭一样击中目标。如果从问题解决的视点来看，知也可以理解为口中说出的话是信息、知识和智慧，击中要害，解决好问题，如图4-1所示。简单来说，知就是用知识或智慧去准确地解决好问题。

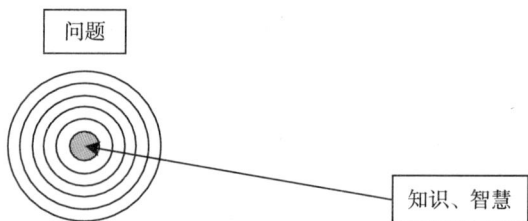

问题

知识、智慧

图4-1 "知"的字义图

"知"来源于社会，在日常生活中，我们收集、获得数据和信息，然后进行分析和选择学习，把数据和信息变成一种知识或经验，再将知识和经验重新组合并创新为智慧之后去解决社会上的问题，也就是再回到社会中去。从获得数据和信息到用智慧解决问题的过程是一个有层次、有步骤的循环过程，如图4-2所示。正是这样的不断循环，不断解决社会上的问题，才促进了人类文明的发展，下面我们从问题意识的视点来解释孔子眼中的"知"。

数据、信息、知识、经验、智慧都来源于社会，来源于生活。社会、生活中的各种现象、事件都是一种数据，都在传递某一种信息。对于数据和信息的重要与否，其判断与我们的问题意识、视点以及价值观密切相关。孔子以一种很高的问题意识看周围的一切，以收集信息或获得知识，因为孔子的弟子这样评价他。

解决社会生活中的问题

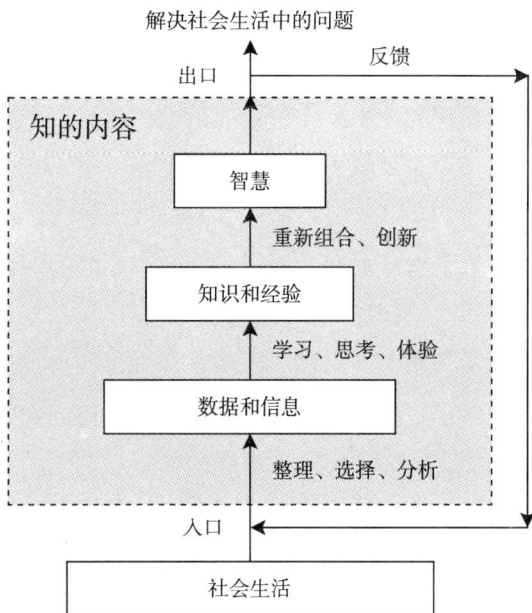

图4-2　"知"的概念图

卫公孙朝问于子贡曰："仲尼焉学?"子贡曰："文武之道，
未堕于地，在人。贤者识其大者，不贤者识其小者。
莫不有文武之道焉，夫子焉不学? 而亦何常师之有?"

（卫公孙问子贡："孔子又从哪里学来的?"子贡说："周文王，
武王的道德礼制，并没有失掉，而是流传在人间。贤德的人知道大
的，没有贤德的人知道小的，没有不保存的文武的道德礼制呀。孔
子哪处不学? 又哪里有一定的老师?"）（19.22）

子贡认为面对同样的生活环境、社会环境，孔子能"识其大
者"，能看到社会多个方面，能从中得到更多信息和知识，是一位
贤者。而非贤者只能"识其小者"，得不到那么多的信息和知识。

从问题意识的角度来看，贤者的问题意识强，非贤者的问题意识弱。同样的数据，同样的信息，问题意识不同，看到的价值也不一样。对问题意识强的人来说，很重要的数据信息很宝贵，而同样的数据信息对问题意识弱的人来说却不是那么重要，有时甚至等同于垃圾。

面对同样的事物有不同的看法、理解和不同的问题意识的原因是我们的视点不同。比如，同样的社会现象可以从政治、经济、文化、历史、文学、数学、心理、物理、化学等各个视点去看、去理解，如图4-3所示。像达尔文的生物进化论、弗洛伊德的精神分析论、亨廷顿的文明冲突论都是从不同的角度、不同的视点来看这个世界。

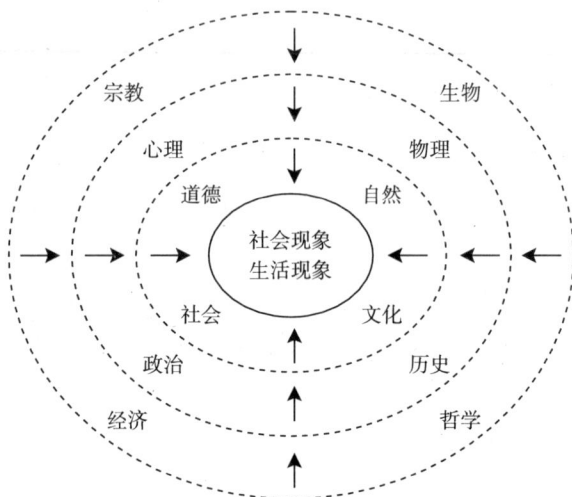

图4-3　从不同视点看的世界

　　生活、社会是一面镜子，你用不同视点去看待它，从镜子上反射出来的影像就不一样。用什么样的视点看世界，就能得出什么样的世界（结果）。而视点的标准是由知识（自己学习过或掌握的知识）和经验（看到的、听到的、做过的等）构成的知识体系决定的。因此，视点的背后隐藏着知识体系。知识体系不一样，视点就不一样。视点不一样，看到的世界就不一样，判断评价的标准也就不一样，结果导致问题意识和处事能力的不同。

　　我们的言辞表现我们如何认识这个社会和世界，我们的言辞能反映出我们的想法和拥有的知识体系，也体现了我们对这个世界认识的深度和广度，如图 4-4 所示。同样，我们从社会中得到的、理解到的信息和知识的深度及广度也反映了我们的视点和其背后的知识体系。

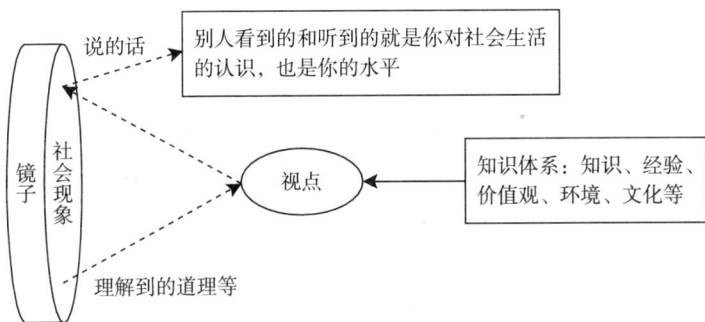

图 4-4　视点反射图

　　子贡曰："君子一言以为知，一言以为不知，言不可不慎也。"

　　（子贡说："君子说一句话便表现出聪明，一句话也表现出愚蠢，讲话不可以不慎重。"）（19.25）

　　如果没有相关知识，就没有相关视点看世界或者看社会，看到

的世界也会比较窄，不全面，也不容易看清世界。同样，在处理问题时，可以说没有相关的信息和知识，就没有相关的视点，就看不到相关的问题点，而看不到问题，也就是没有问题意识，也就无法判断事物，无法预知风险。

在日常生活中有很多这样的例子。在老家，有一个邻居把电饭锅放在地板上煮饭，煮好饭之后，把电饭锅的锅拿走，就留电饭锅的壳放在地上，结果在旁边玩的3岁的女儿一屁股坐到电饭锅里去，当场不省人事，下部严重烫伤。因为小孩不知道刚煮好饭的壳是烫的。

同样，小孩把开水瓶碰倒而被烫伤的事故也不少见，身边有好几个被烫伤而在身上留下伤痕的朋友和亲戚。正因为孩子没有相关的知识，没有辨别的能力，不知道电饭锅和开水瓶会烫伤人，才会去触碰这些物品。没有知识做什么事都不怕，都敢做，也就是所谓的"无知者无惧"。

不仅是小孩，我们大人在缺乏知识、缺乏问题意识的时候也是无法判断身边的风险。20世纪90年代，与同事一起聚餐喝酒，不少同事会用筷子在酒杯里蘸一蘸，放在孩子嘴上，让他尝尝酒味，说从小让他锻炼锻炼酒量，以后才好在社会上混。当时也觉得这个理论颇有几分道理。后来才知道酒精对未成年人的脑成长和脑发育有非常大的伤害，有可能产生脑萎缩等伤害。让小孩尝尝酒以锻炼酒量的行为是在害自己的孩子，是一种非常危险的行为。现在来看，是很多人都知道的事，但当时大家都没有这种意识。

在很多国家，未成年人喝酒和抽烟是犯法的。虽然如此，但还是有未成年人在偷着喝酒、抽烟。因为喝酒和抽烟危害并不是立竿见影，不像吃了不干净的东西，马上拉肚子。喝酒和抽烟的危害是

慢慢地、悄悄地产生的，其危害有一部分是在损害大脑。但大脑发育得好不好是不容易看到的，即使有所损害，也不容易看出来。品质管理大师戴明说过，在最重要的事情中，只有 3% 的东西是可以测出来的。也就是说，只有 3% 的东西是可以用数据等表示出来的，大部分的、重要的东西是测不出来的或者是看不出来的。因此，如果没有掌握相关的知识和信息，喝酒和抽烟对未成年人的危害很容易被人忽视。

再举一个例子，在老家，以前大家都是在池塘里洗菜、淘米、挑水喝，后来，有了自来水后，就不怎么用池塘里的水了，因为池塘里的水总没有自来水清，有点浑。但自从前几年，自来水开始由按每家每月多少钱算变成按使用的水量收费后，有些人开始回到池塘用水。除了水费贵之外，还有一个原因是池塘里的水变清了，清到能看见底！他们觉得水很干净，但他们不知道，水清是因为水中的微生物被农药杀死，水里已经没有东西能阻挡视线了。看上去水是变清了，但水不是变干净了而是变得有毒了。小时候，往水稻上喷洒农药基本上是一年 2~3 次，现在有时一年要喷洒 10 次以上！而且，装农药的空瓶子因为没人回收，有些残留农药的空瓶子就直接扔到池塘里！因为大家没有化学知识，不知道农药和池塘变清的因果关系。所以大家根本意识不到池塘遭污染的严重性，才会在这样的池塘的下游洗菜、淘米、洗衣服等！

还有医患关系。医患关系不仅仅可以从道德、伦理等角度来分析，也可以从知识和信息的角度来理解。医生和患者在看同一种现象（病情）时，其认识是不一样的。一般的患者只能看到病情的表面，如果用冰山来做例子，那就是只能看到冰山的表面，而隐藏在冰山下面的病因一般人是看不到的，如图 4-5 所示。医生凭借专业

知识和临床经验以及通过化验分析的结果来了解病情，找病因和解决方法。

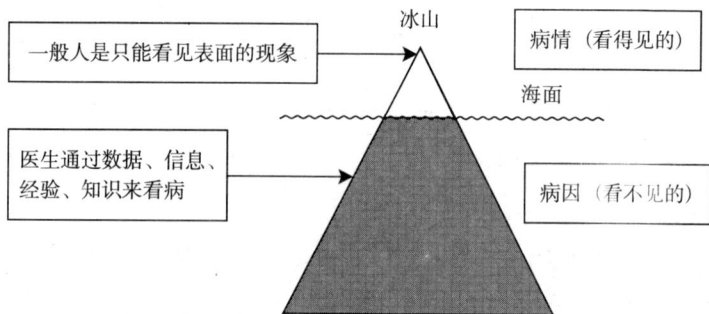

图 4-5　医生和病人看待疾病的信息图

因此，医生掌握的信息和一般人（病人）是完全不一样的。病人没有相关的信息，一般只能依靠医生的判断来医病。但是医生的判断也有可能出现问题，所掌握的信息也有可能不全面，甚至有误。如果医治的效果不好，病人就可能会怀疑医生的用药或治疗方法。当病人花费了很多钱之后，效果依然不好时，会怀疑医生是为了赚钱而不是治病。这也许是医患关系变差的原因之一吧，因为病人和医生掌握的信息知识不一样，病人无法从信息和知识等的层面判断治疗方法的好坏，只能从道德层面推测。

医生和病人之间的信息不对称还体现在对医生的选择上。与在超市或商场买东西不一样，自己喜欢哪一个款式，其价格高低，一眼就能看出来。但医生的能力和经验并不像放在超市的商品那样一眼就能看出来的，而且可以随便选择。病人在选择医生时，最多知道某位医生的职称、毕业院校、年纪、论文、经验等个人信息，但不可能知道医生医治自己的疾病的能力高低，所以病人对医生的信息也可以说是处于一种少知或者无知的状态。而且一旦选择了某位

医生，就要完成一次诊断，不像在超市买东西那样可以退货。因而改变医患关系的一个重要方法是增加病人对病因和治疗方法、效果等的信息量和知识量，如图 4-6 所示。

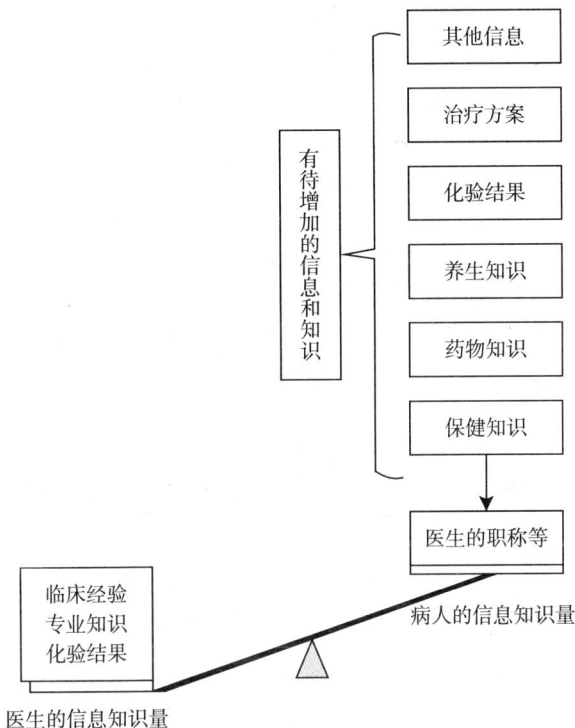

图 4-6　医生和病人的信息量平衡图

因此，我们首先应该要扩大自己的信息量、知识量和经验等，以增加看社会或看事情的视点，加深并拓宽对社会的理解，从而看透问题发生的本质和真正的原因。就像盲人摸象，每个盲人的角度不同，摸到的都只是象的一部分。因为每个盲人得到的信息量只是象的一部分，停留在一个视点上。但如果把每个盲人得到的信息汇

合起来，就有可能得到象的全貌，知道象到底长成什么样。

孔子对信息和知识有自己的一套独特的认识、理解和学习方法。孔子通过这些认识、理解和学习方法，为以后的博学打下了坚实的基础。而这一套学习方法也一直作为学习的范本和榜样被世人所推崇、所熟悉。

知　识

本书把孔子对信息和知识的认识、理解和学习方法总结为 7W 和 1H，即目的（Why）、对象（Whom）、内容（What）、时间（When）、地点（Where）、主体（Who）、障碍（Wall）、方法（How）8 个部分，如图 4-7 所示。其中，目的已经在第一章"志"里做了说明，不再重复。

学习的对象（Whom）和内容（What）

先来说说学习的对象（Whom）和内容（What）。对孔子来说，好的教材是一个最基础的学习对象。孔子非常重视《诗经》，认为《诗经》是一本重要的教材。

> 子曰："小子，何莫学夫诗？诗，可以兴，可以观，可以群，可以怨。迩之事父，远之事君。多识于鸟兽草木之名。"

（孔子说："年轻人为什么不学习《诗经》？诗可以启发思想，可以观察事物，可以会合群体，可以表达哀怨。近用来事奉父亲，远

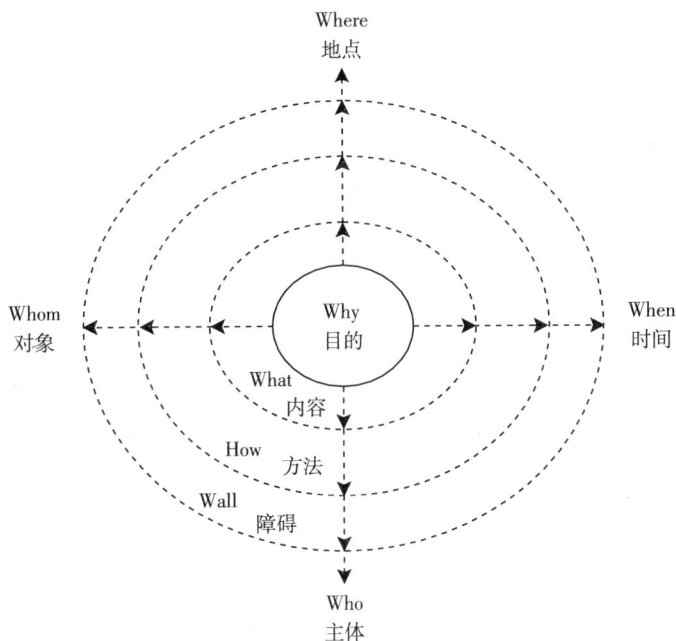

图 4-7　孔子的 7W1H 学习图

用来事奉国君，还可以认识和记忆许多动物植物的名称。"）（17.9）

学习的第一步是选择一本好的教材，然后再去学习教材（书本）上的知识。孔子在教育自己的儿子时也要求学诗。

子曰："不学诗，无以言。不学礼，无以立。"

（孔子说："不学诗，没法讲话。不学礼制，站立不起来。"）

（16.13）

此外，对孔子而言，另一个学习对象就是人。

子曰："三人行，必有我师焉：择其善者而从之，其不善者而改之。"

（孔子说："三个人一起走路，也定有值得我学习的老师。选择优点而学习，看到短处而改正自己。"）(7.22)

孔子认为每个人身上都有值得自己去学习的地方，要学习别人身上的优点和长处。但学习是需要思考的，不是全盘接受的，要辩证地学。也就是"见贤思齐，见不贤而内自省"。看到好的，你就去跟他学、去模仿，看到不好的，就要反省自己，不去重复同样的错误。在生活中，只要你留心，很多人都是学习的机会，比如你的同学、同事、朋友。观察他们并去思考，为什么他会这样做、这样说，这样好在什么地方、差在什么地方。并且自问假如是我，我会这样说、这样做吗。

如果你每天都能学到一点，你的做事方式、思维、境界就会发生变化，会比那些没有去思考、没有去学习的人出色。只要你在每一件事中都高人一筹，你就会慢慢地脱颖而出，机会也一定会降临在你身上。

以"三人行，必有我师"和"见贤思齐"的态度来看世界，恐怕不仅是人，所有的事物都可能成为孔子的学习对象。这也就是孔子为什么能懂那么多知识的一个原因。

时间（When）和地点（Where）

因为世上所有的人和事物都能成为学习对象，所以对孔子来说，学习是随时随地可以进行的，学习并不只是意味着在学校里静静地坐在教室里看书。在学校里学习的时间大概占人生的 1/5，而大部分的时间则需要在社会上学习。学生生活结束进入社会后，很

少有人会有一整天或连续几个小时的时间去学习，而在这忙碌的每一天中，利用零碎的时间抽空看书就是一个很好的学习方法。比如，在等车、坐车的时候，排队的时候，也可以在等人时看书。当然，现在科技信息如此发达，不一定是看书了。从手机、iPad 或电脑等上看书也是一样的。现在阅读是很方便的，可以随时随地看书。

在这里要提一下日本的学习情况，在咖啡店、地铁里或等车的地方，能经常看到有人静静地在看书，很少有人吵吵闹闹，他们利用这些很零碎的时间在学习，给自己充电。很多人手里拿的是一种叫文库本的小书，跟手一样大小的书，可以放在口袋里，方便携带。从这一点来说，日本还是有很多人非常喜欢看书学习的，特别是老人。在留学过的大学里，有开设一些面对社会人的学习班，有中文、韩语、英文、计算机的简单操作以及社会文化等各种课程，来上课的人绝大部分是中年妇女和老人。撇开中日关系不说，他们爱看书的优点是值得我们学习的。

方法（How）

知识不是与生俱来的，而应通过学习获得。

子曰："吾非生而知之者，子曰敏以求之者也。"

（孔子说："我不是生出来就有知识，而是爱好古代，努力探求得来的。"）（7.20）

孔子的博学、知识、智慧正是通过苦学得来的。那孔子是如何学的呢？如何去获得信息、掌握知识的呢？

子曰："盖有不知而作之者，我无是也。多闻，其善者而从之；
多见而识之；知之次也。"

（孔子说："有那种无知而凭空造作的人，我没有这个。多听，
选择其中好的而遵行；多看而记住，这就是知的次序、过程。"）
(7.28)

在孔子看来，多听、多看就能提高自己的见识，拓宽视野。笔
者有一位老师，他本来是中小企业诊断师，接触过很多企业，年纪
大了后在大学里担当大学生就职支援工作。笔者曾请教他如何成为
一名中小企业诊断师，他说，除了知识外，要多看，去企业看，特
别是好企业，看多了自然就知道了。不仅是企业，去不同的地方、
不同的国家走走看看，也有助于拓宽视野，所谓"行千里路，读万
卷书"。

除了多听和多看，碰到不懂的地方，还可以通过多问把问题弄
明白。

"入太庙，每事问。"

（"孔子走进太庙，每件事情都问。"）(10.11)

对看到的、听到的、问到的信息要整理、分析、归纳，化为自
己的知识。在这个过程中，关键是多思。

子张学干禄。子曰："多闻阙疑，慎言其余，则寡尤；多见阙殆，
慎行其余，则寡悔。言寡尤，行寡悔，禄在其中矣。"

（子张问得官职、获薪俸的方法。孔子说："多听，保留有怀疑

的地方，谨慎地说那可以肯定的部分，就会少犯错误；多看，不干危险的事情，谨慎地做那可以肯定的部分，就不会失误后悔。讲话少过错，行为少后悔，官职薪俸便自然会有了。")(2.18)

主体（Who）

另外，不仅孔子的时代，现代也是如此，一个人学习有一定的局限性，毕竟一个人的能力、时间、视野是有限的。而和朋友一起学习，则可以学得多、学得广。也就是，学习的主体可以是一个人，也可以是多个人，比如组织、团体或企业等。笔者在留学期间，有幸参加其他大学的共同研究者的课，其中一个内容就是发表会，一般是下午 1 点开始 5 点结束，内容是学生发表自己选的书（老师带来很多本书让他们自己选），学生人数在 10 人左右。因为基本每次 10 个人发表 10 本不同的书（不是一次一本书，一本书分几次发表完），所以每次都能学习到 10 本书的内容。尤其有些书的内容相近作者却从不同的角度去解释，会让人大开眼界。

现在大家都很忙，能看书的时间很少，但如果能把自己看的书与别人共享的话，也许能弥补看书时间少这个缺点。或者找几个志同道合的朋友或同事开展读书会是一个不错的选择，所以，孔子非常重视和朋友一起学习，一起进步。

曾子曰："君子以文会友，以友辅仁。"

（曾子说："君子通过学问、文章来聚会朋友，通过朋友来帮助仁德的成长。"）(12.24)

障碍 （Wall）

学习非常重要，但在现实生活中，很多人为自己不学习找很多似是而非的借口，这可能是学习最大的障碍。比如，有人认为学习无用，说比尔·盖茨大学还没毕业，还不照样开世界级的大公司。其实，这种说法有个误区，就是把读大学当成唯一的学习机会或者把读大学等同于提高能力。学习有很多种方法，没读大学，不等于不学习，不等于没有知识和没有能力。比尔·盖茨虽然大学没毕业，但他学了很多电脑知识，是电脑的顶级专家。没有读大学，不等于没有能力，不等于学习无用。

另外，有些人觉得玩电脑游戏会使人变聪明。在接触过的一些大学生中，有一些同学只要谈到网络游戏就眉飞色舞，但谈到学习或工作时就不那么有自信。他们玩的游戏可能也有益智的游戏，但更多的可能是打打杀杀的一些游戏。不知道他们从游戏中学到了什么，但他们当中有些人连简单的 Word、Excel 都不熟悉，提交的作业根本不像是一名大学生写的。

聪明是一个很模糊的概念，如果说玩游戏会变聪明，那玩游戏能使哪方面变聪明？学习能力、工作能力、问题解决能力、组织能力、协调能力得到提高了？还是能得到有用的信息和知识？游戏与其说是培养能力，还不如说是在培养适应游戏编程员的能力，这难道可以说是真正的聪明吗？天天玩游戏（特别是一些打打杀杀的游戏）就能变聪明？游戏是休闲时的一种娱乐，从游戏中得到的知识是有限的。把用在玩游戏上的时间用来学习，得到的知识要比从游戏中得到的知识要多得多。

学习无用论和现在的信息社会也有关，有些人觉得，想找什么

信息，到网上一搜，就搜出来了。不用学习了，也不用去记，很方便。网上信息的确有很多，可也有很多是没用的信息。因此，我们必须要有判断能力，知道什么样的信息是好的，什么样的信息是有问题的。要做到这一点，我们不仅仅要去收集信息，更要将收集到的信息以及知识进行整理和分析，以找出有效的信息。因此，信息社会不是不要学习，而是要更好地去学习，以便正确地判断数据和信息。

另外，面对海量信息时，要注意信息的正确性和信赖性，要辩证地看待别人的意见，要有自主判断能力，而不能一味依赖别人说的话或专家说的话。

我们容易混淆一个概念，那就是专家的话就是正确的，或者大家的话就是正确的，以此作为问题解决的方法或评价事物的标准，而不去追究事物的真正的解决方法或本来的评价标准。信赖专家或大家的这种思想背后隐藏着一个假设，即专家或大家的话等于真正的解决方法或真正的标准。如图4-8所示。因为大家的观点和立场不尽相同，有很多时候他人的意见也具有片面性和局限性，不能以为大家都这么说或专家这么说，则一定就是正确的。

如果全盘接受他人的标准，把别人的标准当成自己的标准，长此以往，自己就丧失了判断事物的能力，也就不再具有问题意识。

所以，在生活中，很多时候我们更需要的是智慧。孔子同样也告诉了我们什么是智慧。

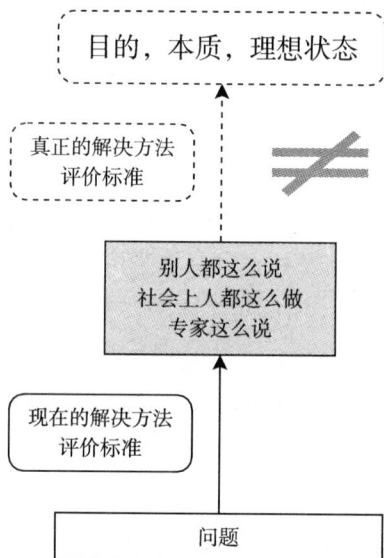

图 4-8　社会流行和事物本质的区别图

智　慧

　　从问题解决的视点来说，孔子的智慧可以归纳为是否务实、能否控制、了解别人、有无反馈、掌握时机 5 个方面，如图 4-9 所示。如果我们拥有了这 5 种智慧，那我们在日常生活中就不会惧怕所面临的问题，我们不是因为"无知者无惧"，而是因为"五知者无惧"。下面的篇章里将介绍孔子的 5 种智慧。

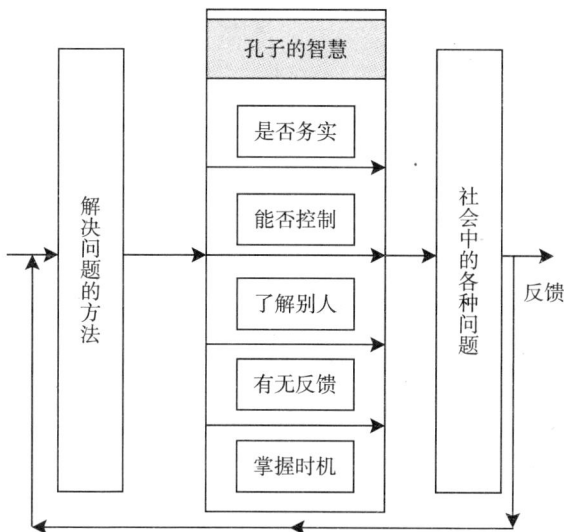

图 4-9　孔子的 5 种智慧构成图

第 1 种智慧：是否务实

樊迟问知。子曰："务民之义，敬鬼神而远之，可谓知矣。"

（樊迟问如何才智慧？孔子说："尽力做对人民适宜合理的事情，尊敬鬼神却疏远它们，这就可以叫智慧了。"）（6.22）

即便在科学如此发达的现代，依然有很多无法用科学解释的现象，更不用说 2500 多年前，无法认识和解释的事物是非常多的。对这些无法解释的事物（或称为神秘力量），孔子的态度是敬而远之，即与其把时间放在无法掌握的事物上，还不如把精力放在自己能够认识、能够理解、能够掌握的现实中去。

其实，在生活中，相信神秘力量人是很多的。在 2500 多年前，就有烧香祈祷的事，孔子身边的人也不例外。

子疾病，子路请祷。子曰："有诸?"子路对曰："有之。

诔曰：祷尔于上下神祇。"子曰："丘之祷久矣。"

（孔子病了，子路要去祈祷。孔子说："有依据吗?"子路说："有。古代文献上说：为你向天地神灵祷告。"孔子说："我早就祷告过了。"）(7.35)

哪怕在科学如此发达的现在，还是有人相信这些神秘力量。在农村，很多人生病不去看医生，而是去看"阴眼"或"神汉"，吃香灰，跳大神。尤其是得了大病的人，更是常去烧香拜佛，求菩萨治好病。

不仅仅是生病，在中考或高考之前，庙里的香火也非常旺。很多人为保佑自己的孩子有运气考好试去烧香。运气这种东西有时似乎是有的，比如单选题，4个选项选一个，被选中的概率是25%，特别是有些选项肯定不对，能用排除法去掉一部分的时候，被选中的概率就更高。与其说这是运气，还不如说是概率。更何况单项选择题应该仅占试卷的一部分，填空题、论述题、计算题只能凭实力去回答。此外，也有人说，我在复习的时候看到过这个题目，说自己运气真好。其实看到这个题目的前提是他自己在看书，会做这个题目的前提是他看到并思考过这个题目。看到这个题目的同时，他可能已经看过很多其他题目了。考试能碰到复习过的题目当然也是概率的问题了，而且是建立在努力的基础上。

此外，经营企业、做生意的更是烧香烧得高，也有做生意的人在店里放招财猫，希望帮忙招财，甚至连种地也要烧香拜佛。但是，是不是每个烧香或放招财猫的人都能发财呢?

一家真正好的企业不是仅靠烧香烧出来的，而是把抓管理、抓

质量、抓产品、抓服务放在首位，才有可能把经营搞好。真正的经营要把握住机遇，更要看到自己的不足并去改善。烧香寻求神秘力量在很大程度上只是一种心理安慰，对公司、对生意并不能起到实际性的作用。

因此，对于把精力放在神秘力量上的人孔子持批评意见。

子曰："臧文仲居蔡，山节藻悦，何如其知也。"

（孔子说："臧文仲养着一个大神龟，用祖庙的装饰来供奉它，这怎么能叫聪明？"）(5.18)

臧文仲养龟是用来占卜做迷信活动的，孔子批评他不智慧，因为他没有把精力用在"务民之义"上。除了用龟来占卜，在中国的文化中还有很多有关神秘力量的思想，比如说风水、算命、手相、面相、骨相、生辰八字、起名字等，玄而又玄。

有一次，一个学弟毕业回国之前说起，他回家时曾特意请了一位很有名的算命先生来算命，算命先生说得很准。他说："当时我和老婆一起回国，那个算命的应该不知道我们在国外生活，但他却说，你们两个是在外边生活的，你们家去年出过事，你的命在西方，大钱没有，小钱不断。我们的确是在外面生活，我爸去年开过刀，动了大手术，而且我家做生意的，小钱的确不断。他说得真准。"

其实算命先生的这段话隐含了很多文章，可以从其他角度进行不同的解释。首先，"在外边生活"这句话，长期在国外生活使他们的穿着和当地人不太一样，很容易让人看出不是在本地生活，这是稍微有点观察力的人就能知道的。另外，"外边"是指哪里，家的外边？村的外边？城市的外边？还是国家的外边？现在很多年轻

人都不是在本地工作，而是在大城市工作，这是不是也是"在外边生活"。"外边"二字覆盖范围很广，如果是家的外边，那可能绝大部分的工作都是在外边，算命先生说的话当然很准。

其次，"去年出过事"这一句，什么是"事"？这个概念是很模糊的。生病是不是事？吵架是不是事？生意不好是不是事？车子碰一下是不是事？走路摔一跤是不是事？丢了东西是不是也是事？"事"只是一个总称，所指事物很模糊。更何况家里若有上了年纪的人，一年到头生个病也很正常。如果生病是"事"，那这种"出事"的概率是很高的。

更玄的是"命在西方"这句话。何为"西方"？这个词的疑点在于西方的主体是什么？是家？是人？是工作单位？还是将要去的地方？主体不同，所在位置就不同。此外西方还要有一个参照物，比如上海的西方是南京，南京的西方是武汉，武汉的西方是重庆，重庆的西方是西藏，西藏的西方是印度和中东以及欧美，如图4-10

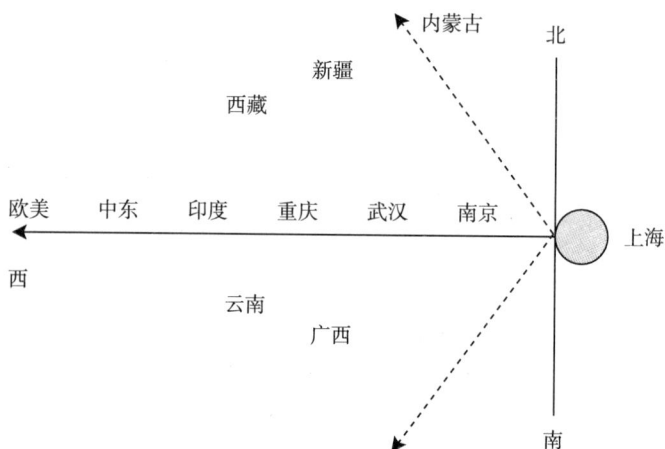

图4-10 何为西方图

所示。另外，西方还有正西、西南、西北，范围很广。没有主体和参照物，可以把任何地方都可能理解为西方。"命在西方"就是说命在什么地方都是好的。

至于"大钱没有，小钱不断"这句。何为大钱，何为小钱？100 万元、1000 万元是大钱？还是 1 亿元算大钱？小钱又是多少？1000 元、5000 元、1 万元、5 万元，还是 10 万元？小和大的标准因人而异，也是一个相当模糊的概念。此外，即便不做生意，每月拿工资生活，也能说小钱不断。所以，算命先生说的肯定准。

上面的解释主要从模糊学和概率的角度去理解算命先生的话。正因为算命先生的话模棱两可，有很多种解释方式，听的人才得以按自己的情况去理解、去对号入座。

季路问事鬼神。子曰："未能事人，焉能事鬼？""敢问死？"
曰："未知生，焉知死？"

子路问如何事奉鬼神。孔子说："不能事奉人，怎能事奉鬼？""请问什么是死？"孔子说："不懂得生，怎懂得死。"(11.11)

未知生，焉知死，生都还没有搞清楚，怎么还有时间去搞清楚死是怎么一回事。生是我们每一天真真实实在过的日子，随时随地都在接触，是我们所熟知的。但死却很神秘，死后是什么状态，很少有人知道。与此相同，鬼神不是我们在日常生活中能遇到的，所以与其把精力放在鬼神上面，还不如放在日常的生活之上，好好思考如何待人接物，如何与人相处，过好自己的生活。

对孔子来说，智慧不像烧香拜佛和算命那样神秘。智慧其实很简单，就是务民之义，即解决人们在日常生活中的种种实实在在的

问题以满足社会或人民的需求。智慧在解决问题中才能体现出来，因此智慧的目的是为了解决问题，包括人生问题、生活问题、工作问题。从宏观的角度来看，还有社会的问题、全人类的问题等。

智慧和聪明不同，聪明是说一个人头脑好使，学东西快，理解能力、接受能力、逻辑能力强，记忆力好，懂的知识多等。这种聪明很有可能被利用去做坏事、去害人，比如诈骗犯大多是聪明之人，不聪明也骗不了人。但这不能说是有智慧。因此，聪明和智慧的不同之处在于目的不同，即是否解决社会问题、解决人类问题，为人类的发展提供好的解决方法，这是聪明和智慧的根本区别。

第 2 种智慧：了解别人

智慧既然用于解决社会问题和生活中的问题。那具体该如何去做？

樊迟……问知。子曰："知人。"樊迟不达。子曰："举直错诸枉，能使枉者直。"

（樊迟问如何是"知"？孔子说："了解别人。"樊迟没弄明白。孔子说："提拔正直的人放在歪邪的人上面，便能够使歪邪的人也改正过来。"）（12.22）

智慧就是了解人、理解人，了解人的特点和性格，理解人的行为举止。为什么理解和了解人叫智慧？孔子的解释是：把好的人放在不好的人之上，就能使不好的人变好。这可能是说，知人的目的是要用人，而用人是为了解决问题，治理好社会，治理好国家。为了更好地解决问题和治理国家就要用对人，而用对人就必须要知人。知人在一定程度上可以说是在评价人。评价一个人是一件非常难的事，因为评价尺度、评价主体、评价目的、评价方法等不同，评价的结果也不同。一个正确客观的评价是非常难的。如果不能正确地评价人，在有些场合就是是非不分。是非不分的结果是社会的秩序可能要混乱！所以，做好了评价，就是做好了知人，也就是有智慧。因此，知人是一种智慧。

孔子不仅说了知人的目的，还告诉我们知人的方法。

子曰："视其所以，观其所由，察其所安，人焉廋哉！人焉廋哉！"

（孔子说："看他的所作所为，观察他的由来始末，了解他的心理寄托，他还能躲藏到哪里去呀！他还能躲藏到哪里去呀！"）
(2.10)

人的性格、能力等都是表现在言行举止上的。反过来说，人的言行举止的背后隐藏着动机和价值观，通过言行举止来看人，就是透过现象看本质，如图 4-11 所示。只要方法对，每个人都是能够被读懂和了解的，同样每个人也能够做到知人。孔子把知人作为一种智慧，一种一般人都能做得到的智慧。

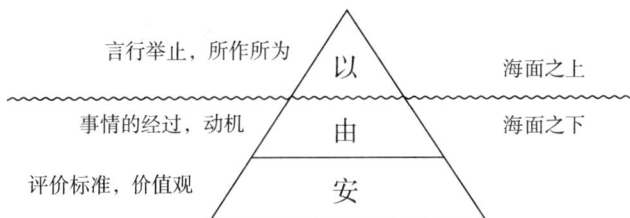

图 4-11　孔子的知人 3 步法（冰山图）

第3种智慧：能否控制

知人不仅要有方法，还要弄清了解别人还是被别人了解的方向，就是你了解别人，还是别人了解你的问题。方向不一样，结果截然不同。在日常生活中，经常有人会说，没有人了解我，"人生得一知己足矣"这样的话，但孔子却是另外一种想法。

子曰："不患人之不己知，患不知人也。"

（孔子说："不要怕别人不知道自己，怕的是自己不知道别人。"）（1.16）

很多人抱怨，朋友不了解我，老板不了解我，没有人了解我。但是，对孔子而言，别人不了解你、不理解你，这是别人的事，自己是无法控制的、掌握的。自己能做到的是去了解别人，理解别人，这是能控制掌握的。因此，与其把时间精力放在埋怨别人为什么不了解自己，还不如去思考如何去了解别人，了解朋友，了解老板。这样的话，生活也许会变得乐观一点、明朗一点。

你了解别人，还是别人了解你，了解主体（即视点的方向）不一样，结果截然不同。视点方向的不同决定了一个人是否有智慧。这个方向还可以理解为把精力和时间放在自己能够控制的领域中，而不是放在自己所不能控制的他人身上，或者放在不可知的力量上。如图4-12所示，如果我们把方向放在外圈，就是把自己的力量（注意力和时间等）放在希望别人改变对自己的认识或理解上，而不是去想办法改变自己的能力。这样的做法在孔子来说就是无知，即没有智慧。孔子的智慧是把精力和时间花在自己能用上力的地方、能改善的地方，因为这样才能得到改进，才能解决问题。

图4-12　有关能否控制的智慧图

把精力和时间放在自己能够控制的领域中，这个智慧可以用在日常生活的方方面面，比如求职找工作。

子曰："不患无位，患所以立。不患莫己知，求为可知也。"

（孔子说："不要忧愁没有职位，要愁的是如何才能在位置上尽职守。不要愁人家不知道自己，只要努力，别人就会知道的。"）（4.14）

不怕没有工作岗位，怕自己没有工作能力。与孔子的说法相反，现在社会有一些人，经常抱怨社会不公平，说什么自己没有人，所以找不到好工作。还有不少大学生在大学里混日子，每天上网、聊天、翘课，却说学习没有用，学得再好，也比不上有个好爸爸。但是这些想法对孔子来说，都不叫智慧。因为自己的爸爸（自己的出生）是自己无法选择的，但自己是否学习是可以选择的。家庭条件不好，这不是靠抱怨就能改变的。能改变的是自己的心态、

自己的态度和自己的行动。我们应该问问自己，我只是嘴上抱怨，还是真的用心思并付出很大努力了？我是否把精力用在自己能掌握的事物上？我追求的方向真的对了吗？我真的掌握了很多知识，有能力为企业或公司带来效益，为公司做出贡献吗？与其天天抱怨社会的不公平，还不如好好学习，提高自己的能力。能改变的是自己力所能及的范围之内的东西！

子曰："由，诲汝知之乎！知之为知之，不知为不知，是知也。"

（孔子说："子路，我告诉你什么叫求知吧：知道就是知道，不知道就是不知道，这就是真正的'知道'。"）(2.17)

智慧是认清自己知道的和不知道的，并且敢于承认不知道的知识，而不是不懂装懂。反过来说，能明白或认识到自己什么地方懂，什么地方不懂，能承认自己不足的这种态度就是智慧。孔子对于智慧的说明非常简洁明了，如图 4-13 所示，在这个世界上，自己懂的知识只是很少的一部分，不懂的知识则有太多。从问题解决

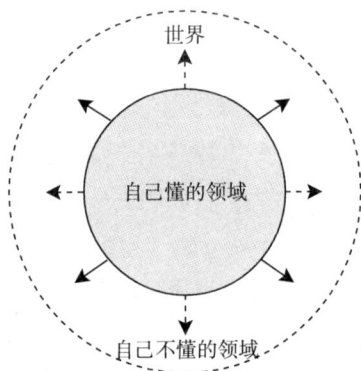

世界

自己懂的领域

自己不懂的领域

图 4-13　与知道不知道有关的智慧图

的视点来看，知道自己的不足，知道问题出在哪里，就能客观地去评价，就可以从不足之处或问题点下手去改善和改进。或者说，智慧是要努力扩大自己懂的领域，减少自己不懂的领域。

特别是在当今信息社会，知识量极其丰富，单凭个人的脑力和能力不可能掌握所有的学问。但是，在具体的问题解决和事情的处理过程中，大部分时候需要多种职业、多种专业的相互合作、相互调和、取长补短的综合型方法。在这种场合，知道就是知道，不知道就是不知道。假如不知道的地方装知道，不懂的地方装懂，则在具体的解决问题中肯定会出问题，因为实际的问题解决是不由自己的意志决定的，事情不能处理的时候，问题自然而然就会出现。一旦问题出现后，再急急忙忙想办法去改善、去解决问题的话为时已晚。与其这样，还不如事先承认自己知道的和不知道的地方，虚心听取别人的意见，或者想好方法去解决事情，不让问题出现。这不是一种智慧吗？

因此，在日常生活中需要我们通过各种学习来努力扩展自己知道的领域，以减少自己不懂的领域。孔子在谈到有关学习的智慧时，认为智慧有 4 个层次。

孔子曰："生而知之者，上也；学而知之者，次也；困而学之，又其次也；困而不学，民斯为下矣。"

（孔子说："生来就有知识是上等；学习而后有知识是次等；遇到困难再去学，再次一等；遇到困难仍然不学，这样的人就真是下等了。"）（16.9）

第 1 种（"生而知之者"）在这个世界上可能很少，孔子自己也

说他只是第 2 种（"学而知之者"），即通过学习来得到知识和本领。第 3 种（"困而学之"）的人跟第 2 种（"学而知之者"）的区别在于后者能够事先预测事物发展的进程，知道什么知识是重要的，什么知识是应该学的，而不是遇到问题了才领悟到应该去学习什么知识。就解决问题而言，第 3 种人虽然比第 2 种人晚了一拍，但还是比第 4 种（"困而不学"）的人好，因为"困而不学"的人即使遇到问题还是不学习，不去想怎么解决问题，这样的人恐怕永远解决不了问题。

就知识获得与否而言，第 1 种、第 2 种、第 3 种人虽然过程不一样，但结果都能获得知识、解决问题。但第 4 种人因为不去学习，所以既获得不了知识又不能解决问题。前 3 种和第 4 种人的区别也就在于是否学习。由此可见，孔子是非常重视通过学习而获得智慧的。

第 4 种智慧：有无反馈

"困而学之"和"困而不学"的不同背后还隐藏了孔子的另一个智慧，即反馈的过程。"困而不学"没有反馈，但"困而学之"的过程是一个反馈的过程，通过反馈知道问题所在，知道自己的不足，知道需要改善的地方以及前进的方向，然后再确认新的目标，学习新的知识，采取新的措施，开始新的循环。人类的文明是建立在不断减少人类无知领域，扩大已知领域，不断改进、不断反馈的基础上才得以发展的。因此，反馈是一种智慧。

子曰："学而时习之，不亦乐乎？有朋自远方来，不亦乐乎？
人不知，而不愠，不亦君子乎？"

（孔子说："学习而经常实践，不是很愉快吗？有朋友从远方来相聚，不是很快乐吗？没有人了解自己，并不烦恼怨怒，这不才是君子吗？"）（1.1）

曾子曰："吾日三省乎吾身。为人谋而不忠乎？
与朋友交而不信乎？传不习乎？"

（曾子说："我每天多次反省自己。为别人谋划考虑，尽了心没有？交朋友，有没有不信实的地方？所传授给别人的东西，自己实践过吗？"）（1.4）

子曰："过而不改，是为过也。"

（孔子说："有了错误不改正，这就真是错误了。"）（15.30）

首先把学习到的知识应用到实践中，去解决日常生活中的问题（学而时习之），然后评价其结果并进行反省（吾日三省乎吾身），如果发现结果不好就去改正或改善（过而不改，是为过也），而改正或改善则需要重新学习新的知识（困而学之或学而知之）。这是一个把应用结果和评价结果反馈到最初获得知识的过程，是一个完整的反馈过程，如图 4-14 所示。

我们在第 3 种智慧（"能否控制"）中所强调的把力量放到自己能够控制的领域这一点，正是因为能够从自己能够控制的事物上得到反馈的结果，从而能够持续地改进和改善。"务民之义，敬鬼神而远之"，"未能事人，焉能事鬼？""未知生，焉知死？""知之为知之，

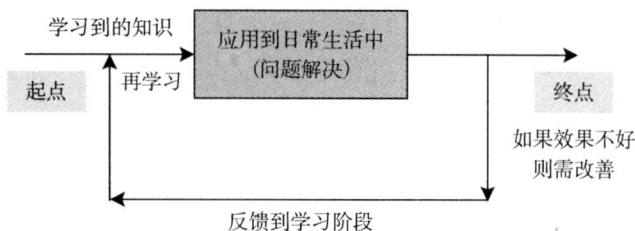

图 4-14　孔子的反馈过程

不知为不知，是知也"，"不患人之不己知，患不知人也"，"不患无位，患所以立。不患莫己知，求为可知也"等都是自己能够控制，同时也能够得到反馈的事物，如图 4-15 所示。

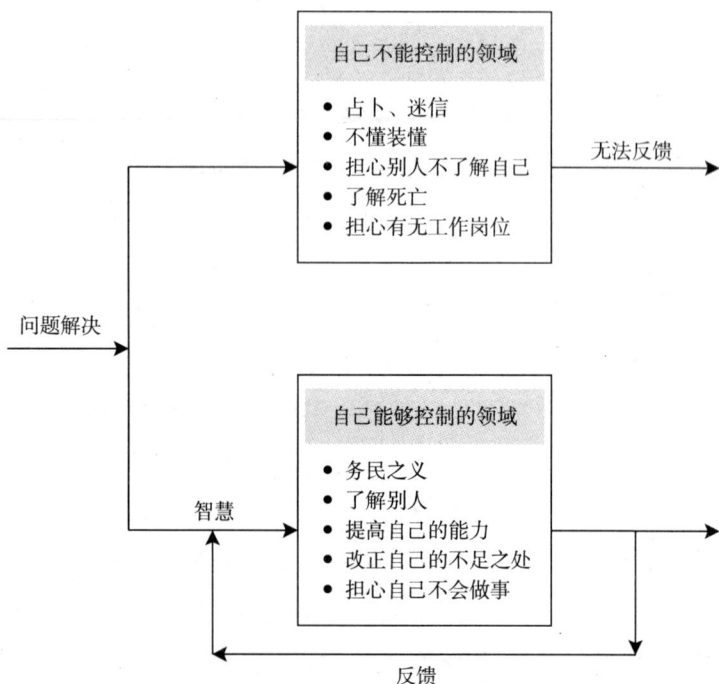

图 4-15　反馈的智慧图

第5种智慧：掌握时机

当然，智慧也是要讲时机的，时机不对，也不能说是智慧。

阳货，谓孔子曰："好从事而亟失时，可谓知乎？"曰："不可。"

（阳货对孔子说："想做事又屡次放过机会，这叫作聪明吗？"
孔子说："不可以。"）（17.1）

**子曰："可与言而不与之言，失人；不可与言而与之言，失言。
知者不失人，亦不失言。"**

（孔子说："可以与他交谈而不谈，错过了人才；不可交谈而与他交
谈，浪费了语言。聪明人不错过人才，也不浪费语言。"）（15.8）

在什么时候该做什么、不该做什么也是一种智慧，这种智慧体
现在对时间的把握上。在下章"时"中将对时间做详细说明。

第五章

时

　　在这个世界上，公平的事物并不是很多，而时间就是一种很公平的事物。虽然我们每人每天都拥有同样的时间，但对时间的把握和理解会影响我们对问题的把握，以及对事物的理解的深度和广度，从而影响我们的问题解决能力。时间看不见、摸不着、抓不住，在大家的不经意之间悄悄地溜走。也在这不经意之间，影响着大家的问题意识、思考方式和做事方式。因而，把握时间至关重要，孔子被孟子称为时之圣者，是把握时间的高手。

　　孔子对时间的把握和理解是孔子式问题意识构造中一个必不可少的部分，本章将介绍孔子如何从时间轴上来看现在的事物。孔子对时间的把握和理解主要可以归纳为过去、周期、时机、现在、延迟、未来、计划、持续 8 种视点，如图 5-1 所示。

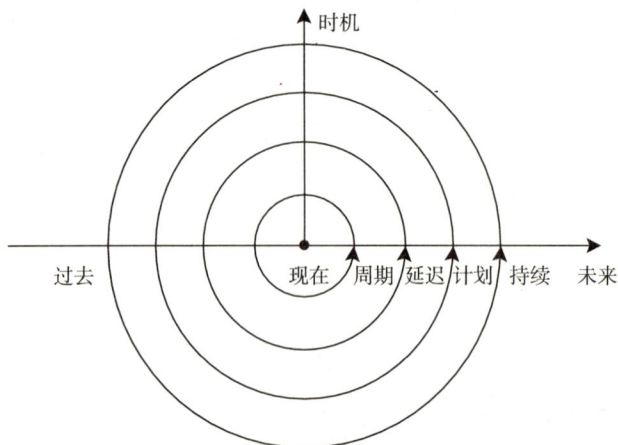

图 5-1　孔子的时间观

过　去

子在川上，曰："逝者如斯夫！不舍昼夜。"

（孔子站在河岸上说："时光岁月就像它啊！不分日夜地向前奔流。"）（9.17）

　　时间从过去走来，又向未来走去。如何面对过去，这是一个非常重要的问题，因为现在是过去的延续，是过去的一种结果。对过去的理解和看法不同，会表现出不同的问题意识以及不同的处事方式。

　　孔子又是如何面对过去的呢？

子曰："温故而知新，可以为师矣。"

（孔子说："温习过去，以知道未来，这样便可以做老师了。"）
（2.11）

温故知新也是本书的主题之一。过去发生的事，过去的经验和历史，都是人类社会的一种积累、一种财富，值得充分利用。

在孔子看来，过去可以分为每天的个人生活、他人的或社会的经验以及历史。如图 5-2 所示。

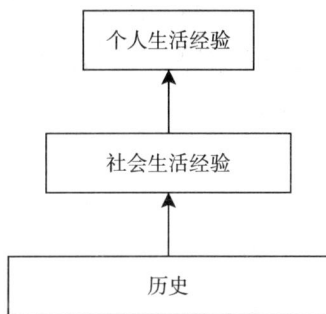

```
┌──────────────┐
│  个人生活经验  │
└──────────────┘
        ↑
┌──────────────┐
│  社会生活经验  │
└──────────────┘
        ↑
┌──────────────┐
│     历史      │
└──────────────┘
```

图 5-2　3 类过去

曾子曰："吾日三省乎吾身。为人谋而不忠乎？与朋友交而不信乎？
传不习乎？"

（曾子说："我每天多次反省自己。为别人谋划考虑，尽了心没有？交朋友，有没有不信实的地方？所传授给别人的东西，自己实践过吗？"）（1.4）

在我们的日常生活中，有很多事情都是可以从中得到启发、吸取教训的。曾经听村里的一位长者说过，一个人每年长一个教训，得一个关门过节（经验），就有几十个教训了。有了这些教训和经

验，应对一般的生活和工作应该没有问题的。如果我们能每天反省自己，总结经验，吸取教训，那我们每天都会有收获，每天都能成长进步，碰到类似的问题就能应对自如。

但个人经验是有限的。因为我们往往只会处理遇到过的事，对于没有接触过的事物，只能依靠相关信息去揣测。这需要我们去拓宽视野，也就是要往外看，去观察他人，去关注社会上发生的事，留心他人的处理方法。

子张学干禄。子曰："多闻阙疑，慎言其余，则寡尤。多见阙殆，慎行其余，则寡悔。言寡尤，行寡悔，禄在其中矣。"

（子张问得官职、获薪俸的方法。孔子说："多听，保留有怀疑的地方，谨慎地说那可以肯定的部分，就会少犯错误；多看，不干危险的事情，谨慎地做那可以肯定的部分，就不会失误后悔。讲话少过错，行为少后悔，官职薪俸便自然会有了。"）（2.18）

社会上发生的事，其背后往往隐藏了多种视点和价值观，多听、多见、多想就能帮助我们超越个人的视点和能力等。他人的生活经验、社会上发生的事都可以作为借鉴和参考，取长补短，好的事可以学习，学习别人的处世方式，了解事物的因果发展过程。坏的事也可以借鉴，追究事物发生的原因，以探索避免和改善的方法。

牛顿曾经说过："如果说我看得比别人更远些，那是因为我站在巨人的肩膀上。"巨人可以说是牛顿之前的科学家，或者从更广的意义上也可以说是整个人类的文明，只有在人类文明的积累下才会有新的成就、新的发展。当然，不是所有人都有能力利用文明创造历史。但关键是我们是否有这种问题意识，去充分活用过去而为

今天服务。所以，历史对于任何人来说都可以视为一本珍贵的参考书。

子张问："十世可知也？"子曰："殷因与夏礼，所损益，可知也。周因于殷礼，所损益，可知也。其或继周者，虽百世，可知也。"

（子张问："今后十代可以知道吗？"孔子说："殷代承继夏代的礼制，所增加、删削是可以知道的。周代承继殷代的礼制，所增加、删削是可以知道的。那也许承继周代的，虽然一百代，也是可以知道的。"）（2.23）

历史重在为未来提供智慧、提供发展的方向。在历史的时间长河中，我们能看到社会的发展规律、国家的兴衰。

从中国的近现代历史来看，从鸦片战争到新中国成立，再到现在的经济发展，是截然不同的历史，前段是受尽压迫、受尽剥削的耻辱历史，后段是奋发图强、和平发展的光荣历史。从这历史的比较上，我们能看到什么？

漠视科技则落后，重视科技则发展，故步自封则保守，改革开放则创新，历史教会了我们什么是重要的，什么是错误的。

历史是一面镜子，照出我们现在存在的问题，照出我们自己迷失的一面，也照出了我们应该走的路和方向。

与积极活用过去为现在服务相反，我们面对过去的另外一种态度是容易陷入后悔，要是当时这么做就好了，老是想着过去的情景，停留在过去的回忆中。但是过去是无法改变的，拘泥于过去，对过去耿耿于怀，只会让自己陷入烦恼。对于过去，孔子告诉我们要既往不咎。

子闻之，曰："成事不说，遂事不谏，既往不咎。"

（孔子听到后，说："陈年老账不要再去解说；实行了的事，不可能挽回；既然已经过去，就不要追究了。"）(3.21)

有一些过去或许可以弥补，但有一些却是无法挽回、无法改变的。生活中有一些人会抱怨自己的出身、自己的家庭，为什么自己没有一个当官的爸爸，为什么不是出生在一个富裕的家庭。其实，自己的出身是自己无法改变的，再抱怨也无济于事。但能改变的是我们的现在和未来。与其把时间和精力放在抱怨过去，还不如放在如何改变我们的现在和未来之上。

另外，有些事情在发生之后，可能会永远后悔。比如亲人的离世，子欲孝而亲不在。所以，与其将来后悔还不如从现在开始好好珍惜和父母的每一天。

子曰："父母之年，不可不知也。一则以喜，一则以惧。"

（孔子说："父母亲的年龄，不可以不知道呀。一方面是欢喜，一方面是忧惧。"）(4.21)

自己与父母在一起的时间越少，以后就越后悔。趁父母还健在时，要多多孝顺父母。

回顾过去（或历史）是为了更好地面对未来，固执于过去，把力量放在无法改变的地方那绝不是智慧。(参考"知"章)

周　期

时间从过去慢慢走来，过去的因造成今日的果，现在的果源于过去的因，现在是过去的延续，也是过去的结果。社会在慢慢地变化，环境也在慢慢地变化，就像事物的成长也是慢慢地在变化，需要一个时间的过程。比如，水稻从种子到秧苗，再从秧苗到稻谷，这是要有一个生长周期的。如果没有看到这个周期，一心想着急于求成，有可能成为拔苗助长的悲剧。

子曰："无欲速，无见小利，欲速则不达，见小利，则大事不成。"

　　（孔子说："不要图快，不要顾小利益。图快，反而达不到目的；顾小利，便办不成大事情。"）（13.17）

事物的生成过程（从量变到质变）是要有时间的过程的，很多事不是一步登天，而要有一个积累、沉淀，才能破茧而出。违反了这个原则，就会招致失败。现在社会上有一种风气，就是求快速发财，快速成功，一夜变土豪，使得很多人都急功近利，浮躁不堪。其实，形成这种风气的一个原因是对时间的理解存在问题，即没有看到事物发展过程和周期。

别人成功发财了，我也想成功发财。但大家可能没有注意到，成功或发财是要有条件的。如知识、能力、资本、信息、时机等资源，同时还要付出努力。每个人所拥有的资源并不一样，想走同样

的路往往不现实。

但事物的生成过程（从量变到质变的过程）在一定条件下是可以缩短的。科学技术的应用能加速从量变到质变的过程，缩短事物的本来的生成时间。但科学技术的应用有一个前提，即有没有影响到事物本来的功能（质量）和目的。在不影响产品质量的前提下使用科学技术是好事，缩短生产周期、增加产量是没问题的。因此，应用科学技术的关键是必须要考虑使用的方法及技术有没有影响到产品的质量，生产出来的产品会不会危害人的健康等，有没有偏离事物原来应该有的功能，不注意这一点就可能会危害社会，甚至危害人的生命安全。

在现实日常生活中，我们有时候走的是相反方向的路。比如，现在市场上一年四季卖的西红柿的形状长得和桃子差不多了。记得20世纪80年代时吃的西红柿是在初夏才能吃到，西红柿的形状与柿子差不多，红红的，扁扁的。不知道什么时候，西红柿变成桃子的形状了，现在的西红柿要改名为"西红桃"了。一部分原因可能通过施肥等各种方法来加速西红柿生长，缩短生长周期，从而使西红柿变成畸形了。在生活中当然还有很多这样的例子，比如毒豆芽、吃药的黄鳝、瘦肉精的猪肉。

效益和发展需要又快又好，又快又好本身不是问题，但需要正确的方向，需要不断改善，否则会走弯路，适得其反。

我们身处高速发展的信息时代，在这个要求更新、更快的时代里，大家都憧憬着能更强、更快、更大！但从另一个角度来看，有时"慢"（不是效率低的意思）也是一种力量，也是一种功夫，甚至效果会更好！

曾经听过一句话是千年之树可以用千年，这是说生长时间越

长，长得越慢的树其使用寿命越长。长得比较快的树通常一般只是用来做纸张，不会做房屋的栋梁。梧桐树可能是长得比较快的树之一，但有多少家具是用梧桐树做的？还有，梧桐树做的家具能用多长时间？经过百年、千年大自然风吹雨打等磨炼后，长成的大树一般才不容易被虫蛀，不容易坏掉。好的家具都是用百年以上的树做的。特别是千年古寺或皇宫中的大柱子，中流砥柱一般都是用千年以上的树做成的。所以才会有千年以上的古寺或皇宫。比如，故宫已经有几百年的历史。宫殿里的一些大柱子应该也有几百年的历史了，现在柱子依然岿然不动，挺拔如初，支撑着整个大殿。那些柱子可能都是千年之木吧。

因此，面对周期，我们不仅要看到事物发展快的一面，还要看到慢的一面。在事物发展的过程中看到问题、看到变化，如果把握住这种变化，就是掌握了时机。

时　机

从问题解决的视点来看，时机是问题存在的时间或期间，具体来说是在现状和理想状态（比现状更好的某一状态）之间的差距所存在的时间，如图5-3所示。因此，如同面对问题一样，同样的状态、同样的环境、同样的条件对不同的人来说，可能是时机，也可能什么也不是。能掌握时机也就能找到问题存在的真正原因。从另外一个角度来说，时机是能解决或可能解决的一种状态，是可把握的、可控制的、可改变的一种需求。把握时机就是缩短问题或差距的时间。

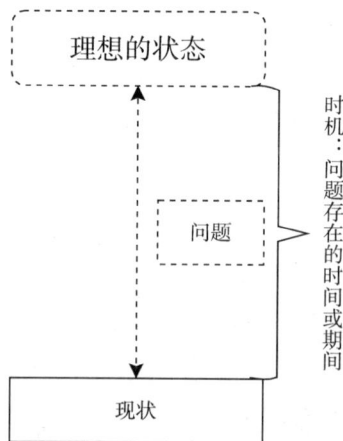

图 5-3　时机的概念图

因此有问题的地方就有时机。具体在哪些方面或者哪些领域存在时机？

如果把问题视为一个系统，那我们就可以按照对系统的构成而给问题分类。因为系统可以分为目的、硬件、软件、人力资源 4 个方面，所以问题也可以分为这 4 个方面，如图 5-4 所示。从问题的定义来看，也就是说问题有可能在目的、硬件、软件、人力资源的某一个方面，或者几个方面都存在现状和目标之间的差距。每一个存在差距的组成部分都蕴含着时机，即存在缩小差距（解决问题）所需时间的可能性。

比如，改革开放初期，国内物质匮乏，与国外的差距很大。只要是国内没有的物品，进口之后就会卖得很好。在开放的过程中，几个沿海城市和地区率先得到了机会，然后逐渐从沿海城市慢慢地扩展到内地等后来一部分开放的城市。从刚开始的日常用品到生活的各个方面。曾记得 20 世纪 90 年代初期，在广东买一个电子表只要 2 元，而在内地要 20 元以上，10 倍以上的价格。

目的

构成要素之间的相互关系

人

硬件

软件

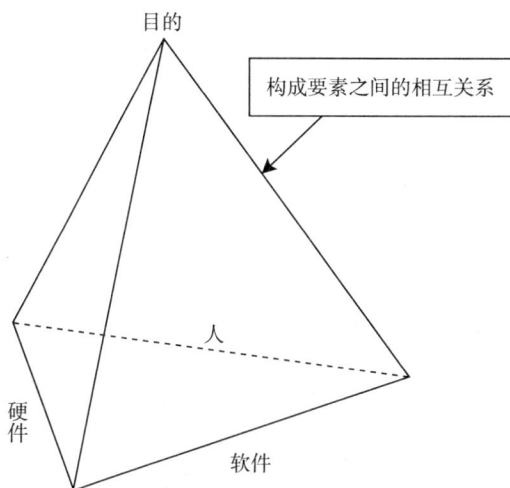

图 5-4　时机的存在领域

　　但这种黄金机会已经一去不复返了。现在国内产品极其丰富，而且在很多方面都在出口，单靠这种很简单的货源有无的贸易方式赚钱的机会越来越少。在硬件方面要找到新的时机，需要我们开发性能更好、品质更好的一些硬件。

　　从信息技术来看，在现在的信息社会，各种技术更新速度越来越快，软件方面的时机可能更多一点。比如，微软、谷歌、苹果、QQ、Facebook 等 IT 企业的发展是建立在开发了新的软件技术上才取得成功的。特别是微软，在操作系统方面可以说是霸主，在没有其他操作软件出来之前一统江湖，唯我独尊，而这一段期间对微软来说就是非常好的发展时机。之后许多 IT 企业应运而生，软件技术的发展给这些新兴企业的兴起带来了机会。

　　哪怕是在一些相对成熟的市场，因为软件或技术的创新，一样会发生天翻地覆的变化。就像苹果公司开发了新的手机后，在很短的时间内就把当时手机巨头摩托罗拉和诺基亚击败。正是因为苹果

创新了手机的新概念，才把握住了机会。

当然，在软件领域还必须强调的一点是获得信息和情报的时机。股民都知道股市的信息发布的重要性。事先得到信息的人，可能会多赚一点，而后面跟进的人可能就不会赚多了。还有，对于企业经营而言，对信息的判断和把握决定了一个企业未来发展的方向，信息甚至能够决定一个企业的存活。

从人力资源上看，时机包括能力、人脉等。在改革开放初期，懂外语的人不是很多，有外语能力的人很多从事外贸工作，在公司里有自己的固定老客户。后来在体制改革中，因为有语言的优势，他们从公司脱离出来，自己开公司，把老客户拉过来，占据了先机，因此有很多人都成为了外贸大户。而仅靠外语能力能找到好工作或赚大钱的时代早已经过去了。

有人会认为人力资源的时机就是"命好"。比如，有些人会说自己命好，遇到了贵人帮忙。其实，在孔子眼里，只是因为说了应该说的话、做了应该做的事，才能得到贵人认可。

子曰："可与言而不与之言，失人；不可与言而与之言，失言。知者不失人，亦不失言。"

（孔子说："可以与他交谈而不谈，错过了人才；不可交谈而与他交谈，浪费了语言。聪明人不错过人才，也不浪费语言。"）(15.8)

看好时机是为人处世一个非常重要的要点，而这一点也要建立在理解对方的心情、性格、需求、特征的基础上，在最适当的时候采取最相应的行动。遇到贵人帮忙你，那是因为你的做事方式、态度、话语得到了别人的认可，取得了别人的信任，别人才会帮你，或者才提拔你。

汉代的张良是帮老师捡了鞋子，才得到了传授。丰臣秀吉是在帮吉田信长把鞋子放在怀里保暖，让他在冬天随时穿鞋时不觉得鞋冷，才引起他的注意。如果千里马不具备好的做事态度和方式，如何让伯乐从众马中把千里马识别出来？我们在日常生活或工作中与人相处时，要掌握好说话做事的时机，然后采取相应的行动，积极地表现出问题解决能力、工作能力、办事能力、沟通能力、领导能力、为人处世能力等，这才会让贵人赏识你。没有过人之处，如何在芸芸众生中引人注目，出人头地？"命好"的背后是自己的能力，特别是自己的问题意识在起作用。

在目的方面，时机体现在对目的的理解的差距上。有些企业或者个人认为企业的目的就是为了钱，也有些企业认为企业的目的是为社会提供一种更好的服务，满足社会的某种需求。因为目的不同，行动的方向不同，产生的作用自然不同。这一点在前面已经叙述过了。比如，现在中国存在养老和环境污染等几大社会问题，如果以解决这些社会问题作为企业的目的，可能对企业来说就是一个很大的时机。

另外，不仅仅是企业，国家的目的不同，行动也不同。比如，某些国家的目的不是发展经济，而是在其他方面。

中国的改革开放与和平发展是建立在全球优先发展经济的潮流上，中国顺应了世界大势，确立了中国自己的发展目标和方向，然后在这基础上努力奋斗才得以现在的发展。

所以，天下的大势，世界的趋势（环境）也是一种时机，是一个更大规模的时机。试想，如果在两次世界大战，或者中国的近100多年的历史中，中国能像现在这样快的发展经济吗？在那种以

战争为主的时代背景下，会有多少发展经济的空间？

上述从系统的角度来划分的 4 个方面的时机的组成部分，在很多时候并不是独立分开，往往会结合在一起。比如，IT 行业中，目标、软件和硬件以及人是相互结合在一起的。比如，苹果手机的开发是在一种新的目标下，通过新的软件、硬件和人才的组合才产生的。

有时在某个方面已经没有时机了，但在其他方面时机出现了。所以随着环境的变化，现有的时机很快就会没有，但新的时机又会出现。只是用相同的眼光可能看不出新的时机。我们需要更高、更新的眼光，更高的问题意识来把握时机。

能够把握时机的人就是能看出现在已经存在的问题和事物本来所应有的理想状态，并且能够缩短其差距的人。而要具备发现时机和解决问题的能力则必须要有很强的问题意识。

我们可能会评价一些把握住时机的人是运气好，其实时机和运气并不一样。比如，我们的国粹麻将。如果打麻将赢钱了，会说今天运气好、手气好。输钱了，就是运气不好。中彩票，或其他赌博项目也是一样，赢钱了就是运气好，把这种赢钱的结果归结于运气或某种神秘力量。所以喜欢赌博的人一般相信外来的神秘力量，喜欢烧香拜佛。

所谓中彩票，赌博赢钱的手气好、命好、运气好的背后是什么？是参与加概率，是一种必然性和偶然性的结合。这既不是机会，也不是时机。所谓时机好，是看出了现在所存在的问题，解决好了问题也就把握住了时机，这是可控制住的。而赌博（麻将等以外的赌博）、彩票等的运气好，是概率和参与的表现，是自己无法改变的。如果能改变，因为那是用假道具来控制的。

打麻将或打扑克和彩票还稍有不同，除了概率外，还与对牌局的反应能力、调整能力、计算能力，以及个人的心态和性格等因素有关。曾有一同事，大学毕业后就进了公司，当时都是单身，大家都住在宿舍。宿舍当时没有网络，而且宿舍离市区很远，附近也没娱乐场所。于是大家在下班后都会聚在一起打扑克或打麻将。这位老兄喜欢上了麻将，但他的心理素质不好，每次一有好牌时，手会发抖，去拿牌时也抖，放在桌子上时也抖。所以一看到他手抖大家都非常小心。后来他知道了，手抖时，拿完牌就放到桌子下面去了，让别人看不见他的手。大家当然也知道，他手一放下面，他就有好牌，大家也会小心。所以他打麻将，10 次输 8 次，输得越多还越要打，最后工资都不够他输的。有些人打麻将老是输，或经常赢，就是跟他在一起的伙伴的某些能力比他高或比他低而已，而不仅仅是手气好或运气好的问题。

现　在

把握时机除了看出问题的所在的能力还需要及时行动的能力。

子曰：“君子欲讷于言而敏于行。”

（孔子说：“君子要说话迟钝，做事勤勉。”）(4.24)

“敏”就是要珍惜现在，把握住现在，不让时间白白流逝。而把握现在、把握时间最重要的就是遵守时间，不浪费时间。但在现

实生活中，浪费时间的现象并不少见。比如婚礼一定要等到当天身份地位最高的那位来了之后才开始，但身份地位最高的那位往往会来迟，有时要让大家等上半小时以上。身份地位最高者的指示大家当然要听，最后到场无可厚非。但如果把晚到当成是领导所应有的一种特权，一种身份象征，那就搞错方向了。因为等待晚来的领导是浪费大家的时间，领导的身份无须通过晚到来表现。领导本来就是领导，大家都知道，无须体现，没有必要通过晚到来让别人知道我是当晚最高领导，而大家也没有必要通过等待来体现对领导的尊重。

领导晚来表示尊敬的思想的背后是对时间的藐视，是浪费时间的典型。领导的迟到、晚到同时也是对时间效率的一种藐视。个人的不守时，如果成为了一种习惯，必然会影响到工作，影响到身旁的朋友、同事等。特别是领导的迟到、晚到，很有可能成为周围圈子的一种标准，那势必影响到的就是整个企业、地区。能在世界中脱颖而出的国家和民族里，不可能有不讲效率的、不守时的恶习。所以孔子非常重视"敏"。(另外的解释参考第三章"仁"中的敏)

延　迟

浪费时间不珍惜现在的一个原因是没有站在未来考虑问题。在现实中，很多人都是今朝有酒今朝醉，只顾眼前，只看得到现在，而看不到明天和未来。看不到未来，不去看未来的重要原因是时间的流逝，事物、环境的变化都是悄悄的、不经意的。而且现在行动

的效果或结果不是立竿见影，而是需要一定的时间。我们把某一个行为或动作以及它所引起的效果之间的时间差称为延迟。

问题也同样不是立即就凸显出来，而是慢慢地表现出来，有一个时间过程。正因为这一点，往往让人看不清问题的真面目。

我们所谓的延迟，与时间的周期（事物的生长周期）不同。周期是同一种事物的发展过程，一种质的过程。比如，前面讲过的西红柿的例子，从西红柿苗的成长到开花，再到西红柿成熟的这个过程称为西红柿的生长周期，这是西红柿的"质"的变化（从苗到成熟的西红柿的变化过程）。

而延迟是从执行行动到效果出来的时间过程。比如在西红柿的苗种下去之后施的肥，其效果是通过西红柿苗的成长来体现，不是立即就看得出来的。延迟是施肥的行为到西红柿成长的时间过程，包含施肥这个行为和西红柿成长两个不同事物的质。如图5-5所示。

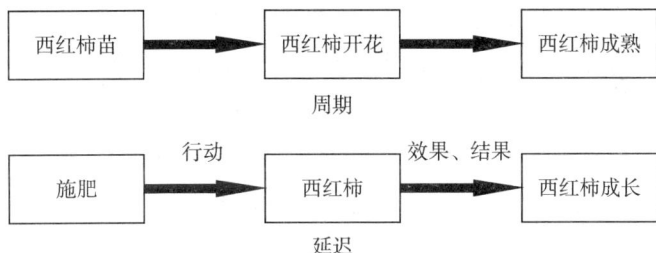

图 5-5　周期和延迟的区别

换句话说，如果把西红柿的栽培看作一个系统，在这个系统中，有工作人员、西红柿、温室、肥料、水、加热器，还有栽培技术和目的等。施肥的这个行动是基于某个目的，与水、温度、栽培技术等其他要素一起发生作用才对西红柿的成长有影响。施肥这个行动到西红柿成长的这个时间过程就是延迟。

或者可以说，延迟是系统中各个组成部分、组成要素之间相互作用的一个过程。也就是，延迟是系统中的某个组成部分发生变化后，这个变化再与其他组成部分发生作用后，系统得到结果所需要的一个时间过程。

看不出延迟的一个原因是没有从所处系统组成部分之间的相互关系以及其达成结果所需变化时间看现在的行为。比如，现在让人困扰的雾霾。单看某个污染源，比如汽车的尾气排放标准或工业废气排放标准等可能没有问题，但如果和多个污染源结合在一起，并且持续一定时间之后，空气污染问题就凸显出来了。从单个污染源到雾霾的爆发之间有一个延迟的过程。

还有，有很多人喜欢在不干净的小摊上吃东西，图个方便，解个嘴馋。也有人外出回家不洗手就抓东西吃，他们心里可能知道这样不怎么干净，但还用"不干不净吃了没病"这种话来安慰自己，而到真正生病时则往往追悔莫及。在这里就是有一点没有注意到：脏的东西要分出自然的脏和化学的脏。小时候在菜地里摘个西红柿、黄瓜什么的，在手里或衣服上擦擦就吃了。也没有发生过什么问题，这的确也是不干净，但这样的自然脏和化学农药的脏是不一样的。化学的脏是用化学的或工业的方法制作出来的，有一些在体内不可分解，有剧烈毒性。

比如，工业上有很多很香的东西，它们可能是用芳香烃做出来的，而这种芳香烃是无法从体内排出去的剧毒。现在生活非常便利，生活用品应有尽有，但有些东西是用化学或工业的方法制作出来的，它的毒性不为一般人所知。工业带来了很多文明的进步，但同时也带来了很多副作用，而我们在享受科技带来的实惠时，也在接受着它的阴暗面。但能改变的是我们自己的意识和思想。

从吃进脏的食物到生病这是一个量变到质变的过程，也就是脏的东西或者有问题的食物吃下去并不一定马上会起反应。一是因为人有免疫力来抵抗它；二是因为脏的东西的量还不多，毒性还不强，还没有积累到一定程度。特别是年轻的时候或健康的时候吃，毒性不会一吃就发作，但随着年纪的增长或者身体抵抗力的减弱，毒性慢慢积累到一个临界点，就会爆发。它的爆发需要一个时间过程，即延迟。因此，吃脏东西的毒性迟早有一天会爆发出来，只不过是时间的问题。因此不是"不干不净吃了没病"，而是"不干不净吃了必病"。

再举一个例子，如果把社会看成一个大系统，那么个人的言行举止都可能会给这个系统中的其他成员造成影响。只不过这个影响或作用可能不是立即就能看见的。我们是不是一有机会就走后门，出了什么事就想法找熟人摆平，在公交车上看到怀孕的人或老人不让座，在路上见到老人跌倒就悄然走开或者默默围观？社会价值观的失落问题不是一个事件发生之后，或者一个行为发生之后的变化，而是在整个社会以追求物质生活为中心之后慢慢变化的，是利益、伦理、道德、生活等各个社会系统中的组成部分相互作用后的一个结果，而这个变化的过程就是延迟。

未　来

正因为延迟不是那么容易看出来，所以，未来和买菜不一样，要买的菜摆在眼前一目了然，而未来却是摸不到、看不见而且很难

预测的。在日常生活中，看不到未来的事很多很多。

比如，一家位于某省会城市郊区的大型国有企业在 20 世纪 90 年代后期有最后一批房改房，公司在市区中心地带买了很多套房子，为了照顾老职工，让老职工先选房。该公司在厂区不远的地方有自己公司的住宅区，老职工在住宅区都有房子，当时水费、电费、煤气费和管理费等基本免费，而且冬天还有暖气。结果有很多人为此就没有选市内的房子。当时花 5 万元左右就能买一套 100 平方米以上位于市中心的套房，而在十几年后的今天，每平方米涨到 3 万元左右。

企业经营、城市开发不也同样如此吗？不少商场、公司、小区或没有停车场或停车场太小，导致很多城市都出现停车难问题。马路两旁、小区全部变成了停车场。很多小区的开发、房地产建设最多也就几十年。

就是因为我们往往只站在现在的视点考虑问题，满足于现在这种状态，所以跟不上时代的变化、社会环境的变化。结果原先好的状态会显现弊端，符合不了新的环境。所以孔子非常重视从未来考虑问题。

子曰："人无远虑，必有近忧。"

（孔子说："人没有长远的考虑，必然会有近在眼前的忧愁。"）（15.12）

预测未来恐怕是一个永远的课题。谁能预测到未来，谁就可能掌握世界。从系统的视点来看，未来是建立在现在社会系统的目的之上的，是现有社会发展的一个结果。或者可以说，未来是为了社

会系统各组成部分为达成系统目的而相互作用的结果，社会向什么方向发展就有什么样的未来。

预测未来要回归原点，重新回到起点去思考一下我们为什么要活着，我们想要什么样的生活，什么样的社会是我们所追求的。要把握未来，我们需要确定好我们的目标，然后向着这个目标迈进。目标一旦实现，我们的预测也就变为现实了。(参照"志"章)

计 划

在把握未来、实现目标的过程中，一个具体可行的、详细的计划是必不可少的。下面就谈谈如何计划人生。我们在"志"中说过，有没有目标决定一个人的人生，而如何去实现目标也同样重要。目标的实现首先取决于如何制订计划。

我们现在一般人的一生：从出生，到小学、中学、大学，再到社会，最后到停止呼吸。从出生到大学本科毕业大概需要 23 年，我们一般会在这段时间内学习基础知识或专业知识。在之后的工作期间，我们会学习工作业务等实践操作知识，工作到一般法定退休年龄。从退休到去世还有 20 年左右的时间。这是一个大致的人生规划。

如果把人生算作 80 年，那我们大约有 70 万小时 （80 × 365 × 24 = 700800）。

在 70 万小时里，工作时间大概占了多少？

如果以本科毕业后工作到 60 岁退休来算，一个人一生的工作时间大约是 37 年。如果以每天 8 小时，每周 5 天，每年 10 个节假

日，10 天年休计算，就是 7 万小时左右。只是人生的 1/10。

但是，我们的人生价值可以说是在这 7 万小时的工作时间内决定的。

而工作内容则大多取决于我们的学习，其中很大一部分与我们从 7 岁上学到 23 岁大学毕业的 16 年的时间内的学习成果有关。

我们再来算一下到大学本科毕业为止的上课学习时间。

从 7 岁上学到 23 岁大学毕业的 16 年里（14 万小时左右），除去寒暑假 12 周，以及休息日，按每天上课学习 10 小时计算，总共大约有 3 万小时，睡眠和吃饭等生存时间 7 万多小时，各种娱乐、移动等其他零碎时间则有 4 万小时。

在这 16 年的时间内，同样是 3 万小时的上课时间，有人学习非常优秀，有明确的目标和计划，知道自己什么时间应该做什么。但也有人浑浑噩噩，不知道天天在干什么，成绩只求 60 分。两种类型的人的结果自然也就截然不同。

如果我们有一个明确的计划，我们就能让自己把注意力放在应该做的事上，不仅仅是上课时间，也能积极使用零碎的时间思考问题。于是我们就能在这有限的时间内创造出一大片学习时间，我们的人生也会有所不同。因此可以说，如果我们在这段时间内多创造出 1 小时的学习时间，那我们的人生总价值就有可能增加 1 分，而我们多浪费 1 小时就是在人生总价值上减少 1 分。

为了让目标明确可行，我们可以根据自己的实际情况来制订短期、中期和长期计划，如图 5-6 所示。当然，有时计划并不是像原先制订的那样顺利发展，需要及时反省和修改计划。

短期、中期和长期是相对而言的概念，短期计划可能是 1 星期，或者 1 个月，比如在 1 星期内看完 1 本书，或者减肥 1 斤。中

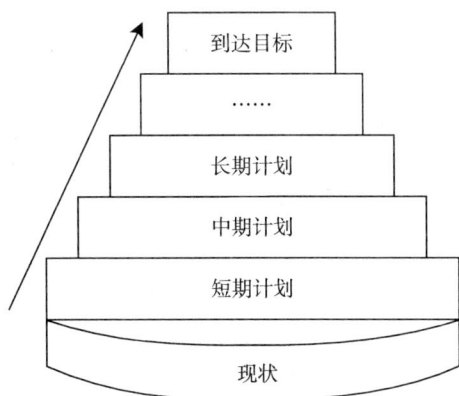

到达目标

......

长期计划

中期计划

短期计划

现状

图 5-6　实现目标各阶段的计划

期有可能是想花 3 年时间去考个证书或者学一门外语。而长期计划则可能是在 10 年或 20 年之后想过什么样的生活等。

　　定什么样的计划因人而异，但比定计划更重要的是要养成定计划的习惯。有了定计划的习惯后，自然而然地做什么都会考虑计划了。定计划并非只有大事才需要定计划，其实日常生活中的小事也一样需要定计划。脑子想好要做的事如不按日期写下来定个计划执行，哪怕当时记得很清楚，过几天也容易忘记，所以无论事情大小都要写在日记本上。每天看日记本，提醒自己今后要做的事，思考怎么做，这样既可以不忘事，又可以有心理准备。

　　在日本，从学生到老人，几乎人手一册日记本（记事本）。与对方预约事时，对方第一个动作可能就是掏出日记本确认日程安排。在博士期间，指导老师在上课（Simiar）时，第一件事就是说自己和研究室（包括学校）的下周日程安排，而每个学生要报告自己这一周的研究进程。特别是在每个学期或者学年的第一次课一定

把这一年或这一学期的日程安排大致的说明，而且会让学生把自己在这一年或这一学期的研究目标和或具体计划全部汇报一下。

持　续

计划制订好后要去执行，执行时很关键的一点就是持续（参照"道"）。短时间内执行一个计划，可能很简单，但要持续下去，可能有点难。这个难是因为有些人没有将持续作为一个习惯，容易放弃。

在留学期间，曾和一位博士后研究员同屋半年，从他那里听到不少受益匪浅的故事。他说，他有一个同学，在宿舍熄灯以后，一定会在走廊里看 10 分钟英语。人家问他为什么，他说，我一天背 10 分钟的单词，一年就是 3650 分钟，4 年就是 14000 分钟，坚持 4 年，我就会比别人多知道很多单词。最后，他是他们班最先考上公费留学的。

另外一个同学说过类似的故事，他说一周在图书馆借一本书看，一年可以看 50 本以上，4 年下来，就可以看 200 本以上。而拥有这 200 本书的知识之后，人的视野、能力会有所变化。特别是与同一年级的学生相比，可能更不一样。不但充分利用了图书馆的资源，也增加了自己的知识。而这 4 年 200 本书成为了他最大的资源，为他在日本一家有名大型公司工作起了非常关键的作用。我们往往以学历来看人，但是试想一个考上名牌大学的学生，如果他停止了学习，得过且过，那他的学识水平可能永远就停留在原地，甚至慢慢退化。而一个没有考上名牌大学的学生如果不断学习，不断

充实自己，他也许没几年就会超过考上名牌大学的学生。他持续的时间越长，与那些得过且过的学生之间的差距也会越来越大。5 年也许没有什么变化，但 10 年之后，他的知识或水平可能会有变化。但如果坚持 20 年，可能会有很大的变化，甚至有了质的变化。更不要说持续 50 多年的学习是一种什么样的状态了。

我们再来看一组数据：

$0.7 \times 0.7 \times 0.7 \times 0.7$

$1 \times 1 \times 1 \times 1$

$1.2 \times 1.2 \times 1.2 \times 1.2$

从这组数据中，大家能看出什么来？每个人的看法可能都不一样吧，这可以有多种理解。

假如把这组数据解释为同学在大学 4 年的学习过程，在每组前面可以加上一个 1 代表大家进大学后站在同一个起跑线。而这 3 组数据则是大学学习的 3 种类型。第 1 类是自由放飞型，一进大学就认为可以解脱、可以自由的学生。没有家人或老师天天盯着，可以天天网游，不去学习。0.7 是每年的退步，4 年下来的结果是多少？退步到进大学时约 25% 的水平。

第 2 种类型是能混且混型，该上的课绝对去上，学分也要拿，但是剩下的时间就随便混混，为了完成学业而学习。1 代表保持原状，4 年下来的结果也和原来进大学时的起跑线相差无几。

第 3 种类型是积极进取型，有自己的人生计划，一进大学就朝着目标、有目的地学习，不断提高自己的各项水平、各种能力。不仅努力学习专业知识，还学习感兴趣的知识，参加各种社团活动磨炼自己的综合能力。这类学生的知识和能力每年增加 20% 的话，4 年下来的结果是多少？是进大学的 2 倍！

虽然刚进大学时，大家的水平都差不多，但对时间的理解不同，付出的努力不同，仅仅 4 年的大学生活就让曾经站在同一起跑线上的同学的能力有 8 倍（2/0.25）的差距。

同样的，如果一个企业的效益或国家的 GDP 能每年保持 20% 的增长，4 年之后就会翻一倍。持续的力量，是多么的可怕！是多么的令人敬佩！

中国改革开放 30 多年的发展就证明了这一点。从 GDP 的增长来看，就可以完全了解这一点了。中国和日本 GDP 的比较如图 5-7 所示。10 年之前，日本的 GDP 是中国的 2.4 倍，10 年之后是中国的 2/3。中国的 10 年发展是日本的 3.6 倍。

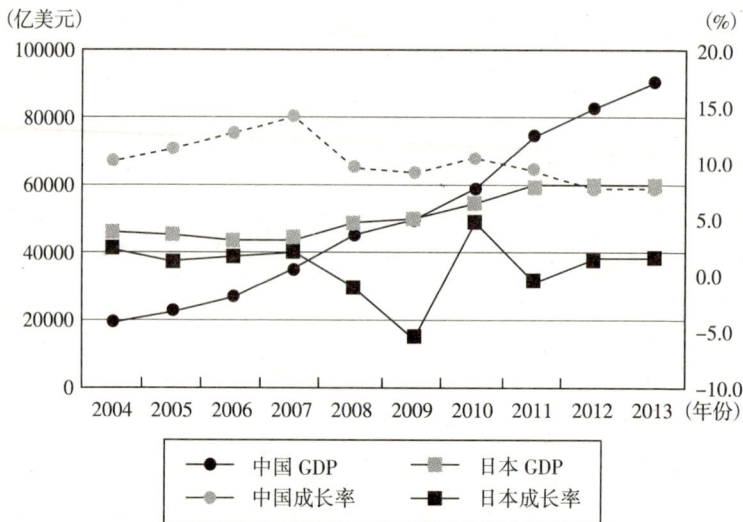

图 5-7　中日两国 GDP 的对比图

资料来源：世界银行，作者制作。

与时间分不开的是空间，也就是从立场上来看问题、看世界。下章将从立场的角度解释孔子式问题意识构造。

第六章

恕

在解决问题时，我们常常会犯"只见树木、不见森林"，或者"只见森林、不见树木"的毛病。比如，我们身处某个系统中，却无法定位自己在系统中的位置，看不清自己和周围的关系，看不清自己在这个系统中的立场和目的，也看不清别人在这个系统中的立场和目的，更看不清系统本身。看不清系统的原因是我们只看到系统（或问题）的某个方面，没有以一个全面的、系统的角度去看问题。我们可能只顾系统的目的，没看清自己的立场，也可能是只从自己的立场出发而不顾系统目的，因而只看到系统的一个侧面或一个部分，看不到系统的全部面目，这就是"不识庐山真面目，只缘身在此山中。"如图 6-1 所示。

立场不同，看到的世界不同，问题意识也不同。在孔子式问题意识构造中，立场是一个很重要的要素，即应该从什么样的立场或角度去看世界，才能抓住事物的本质，找到问题的真正原因，更好地解决问题。

我们来看看孔子式问题意识构造中的有关立场的阐述。

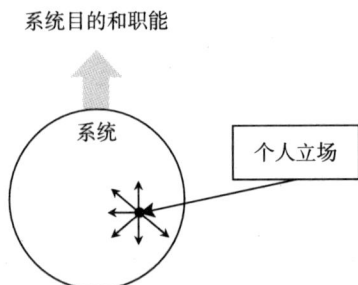

图 6-1　系统的整体目的和个人立场图

子曰："参乎！吾道一以贯之。"曾子曰："唯。"子出，门人问曰：
"何谓也？"曾子曰："夫子之道，忠恕而已矣。"

（孔子说："曾参呀，我的思想行为是贯通一致的。"曾子说：
"是。"孔子走出后，其他学生问："什么意思？"曾子说："老师所
讲求的，不过是忠和恕罢了。"）(4.15)

忠和恕可以解释为孔子看事物的最基本的两个视点。忠是如何
对待自己、如何站在自己的角度和立场看问题和世界，也就是如何
用自己的价值观去看事物和世界，用自己的视点去看问题。恕是如
何对待他人，就是如何站在他人的角度、他人的立场、他人的视点
上看问题和世界。

他人是个很广泛的概念，旁边的人是他人，周围的人是他人，
地区和社会上的人也是他人。再扩大一点，整个国家和世界上的人
都可以称为他人。为了方便解释，我们把他人的范围大致分为 3
种，他人（狭义的他人，以后简称他人）、社会、世界。如图 6-2
所示，以下探讨孔子如何从自己、他人、社会、世界 4 种立场看事
物和世界。

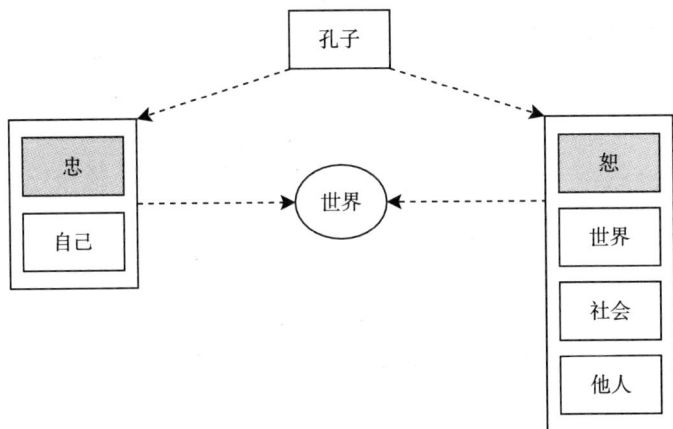

图 6-2　孔子看世界的 4 种立场

自己的立场

　　我们在生活中、在社会上扮演着各种各样的角色，在家可能既是父亲，又是儿子，同时也是丈夫、哥哥、弟弟，或者其他身份。而在公司，有可能是同事、科长。在朋友圈中可能是同学、朋友。走进饭店时又成为顾客。因此，我们每个人可能同时扮演好几个角色。

　　孔子把个人的各种社会角色总结为最基本的 4 种类型：君、臣、父、子。

　　齐景公问政于孔子。孔子对曰："君君，臣臣，父父，子子。"

　　（齐景公问孔子如何搞政治？孔子回答说："国君是国君，臣下

是臣下，父亲是父亲，儿子是儿子。"）(12.11)

上司要做好上司应该做的事，下属要做好下属应该做的事，当父亲的要做好父亲所应该做的事，儿子要做好儿子应该做的事。担任的角色不同，职能也不一样。不管是哪一种角色，都需要做好自己所扮演的角色的职能，也就是承担每一个角色应有的责任和义务。

对孔子来说，从自己的所处的位置立场去思考，尽力把事情做好，把自己的本职工作做好，这就是"名"。比如，如果是在公司上班，那我们要确定自己的工作岗位是什么，岗位的目的是什么、职能是什么，从自己所处的岗位这个角度去考虑自己在上班时应该做什么。因此，做好"名"就是先明确自己的立场，行使相应的权利和义务，如图 6-3 所示。

图 6-3　孔子的"名"的概念图

自己的立场往往根据某种具体情况来定，但在很多时候，我们会不知不觉地偏离自己所应该有的立场（即自己的"名"）去考虑问题。为什么会偏离"名"呢？这与我们的意识形成有关。

在前面讲过，认知科学家马文明斯基认为意识结构基于 A 脑和 B 脑。A 脑直接与外界接触，而 B 脑不直接与外界发生关系，但感知 A 脑接收的信息，并对 A 脑施加作用。但 A 脑只对自己喜欢的东西感兴趣，对自己熟悉的东西感兴趣、有注意力。而这种趋势或习惯是由 B 脑决定的。

B 脑是有一个判断标准的，这个标准就是"名"，即自己的立场。这个标准的形成源于日常生活，脑受周围的事物和社会风气的影响。一种事物，只要很多人谈论，脑也会慢慢地熟悉它、认可它，甚至可能慢慢地成为自己的评价标准。只不过这个变化的过程不是一蹴而就的。这与马克思哲学中所说的"存在决定意识"相符，也就是社会现象、社会的客观存在决定人的意识。

但是，事物本身或者事物之间的联系是复杂的、模糊的、暧昧的，事物的本质并不是一眼就能看出，而我们的脑很容易被自己感兴趣的事物所吸引住，或者听由别人的引导去看待事物，所以我们往往被事物的表象迷惑，不能正确地、全面地看问题。如图 6-4 所示，你看到的是一幅什么画面？

图 6-4　W.E.Hill 的心理学图

图 6-4 是一个非常古典的有气质的美女还是一个很颓废的老太婆？

也许我们在第一眼看时往往只能看到一种图形，听完解释说明（别人的引导）后，才会知道还有另外一种图形。图只有一张，但能看出两种结果。这既说明同样的事物因视点不同，会有不同的结果，也可以说同样的事物，因受外界的引导，原来的理解可产生变化。前者是 B 脑以它原有的标准引导 A 脑，使 A 脑只接收某一部分自己感兴趣的信息。后者是外界的引导通过 A 脑进入 B 脑，在被 B 脑认可并成为新的标准后，能使 A 脑感知到新信息。如果把外界的引导看成各种社会现象和社会风气，而这些一旦成为 B 脑的标准后，我们对事物和现象的认识就会随之改变，有时甚至会偏离我们的初衷。

因此，对于某一个特定的社会存在（社会现象）可以有各种各样的认识，但我们的认识在一定程度上受社会风气的影响或引导。而社会风气是受社会媒体，或者公众人物、单位领导等做事方式的影响或引导。

比如，现在社会上流行一种说法："要结婚，先买房。"或许出于面子，或许出于想要一个保障，不少人没有房子就不结婚。可是对很多刚走上工作岗位没几年的年轻人来说，又有多少人能在大城市买得起上百万元的房子？事实上有了房子也不一定就能保证婚姻美满。但据有关研究结果显示，中国有几个大城市的离婚率已经超过 30%！离婚原因中，婚外情和感情不和占 80% 左右，而经济原因却只有 10% 左右。

此外，如果很多人上班做私事，并认为不做私事的人反而笨、呆、傻，我们即使知道应该尽责的道理，知道上班时做私事偏离我

们的职责和原点，但我们也很容易随波逐流，把大家都做的事认为是正常的、正确的。虽然偏离原点的方式原本是不正常的、不正确的，但社会上的人都觉得是理所当然的时候，则有可能很多人都会反过来认为偏离原点的方式是对的、是正常的，而原本正常的或应该的做事方式是错误的。这就是"谬误说一百遍就是真理"了。

因此，社会现象、社会思潮会影响我们的思考方式。如图 6-5 所示，我们在考虑问题时，并非单纯从自己所应有的立场出发考虑问题，人情关系、个人欲望、外界压力、文化、习惯、环境等各种元素都会掺杂进来，影响我们对问题的思考和解决。这使得一些原来很简单就能解决的问题变得复杂，因为各种原因迟迟得不到解决。当我们迷失了自己应有的立场，混淆了自己真正的立场时，我们就永远找不到问题的真正原因，解决不了问题。因为谬误就是谬

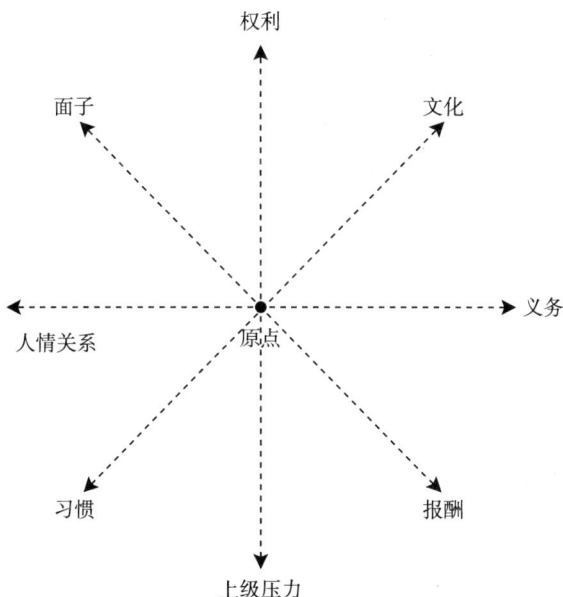

图 6-5　影响原点的因素图

误，不管怎么说都不可能成为真理，谬误永远代替不了真理，用谬误找不到问题的真正原因，解决不了问题。

我们一旦因为各种似是而非的因素偏离"名"，偏离了自己所应有的立场或偏离自己的立场考虑问题，就会使我们迷失方向，迷失找到解决问题的真正原因。就像我们爬山迷了路，找不到前进的方向一样。解决迷路的一个好办法就是回到起点，回归"原点"。原点是什么？原点就是符合自己的岗位所应有的责任和义务，就是"名"。回归原点，在孔子看来就是要"正名"。

子路曰："卫君待子而为政，子将奚先？"子曰："必也正名乎。"子路曰："有是哉，子之迂也！奚其正？"子曰："野哉，由也！君子于其所不知，盖阙如也。名不正，则言不顺；言不顺，则事不成；事不成，则礼乐不兴；礼乐不兴，则刑罚不中；刑罚不中，则民无所措手足。故君子名之必可言也，言之必可行也。君子于其言，无所苟而已矣。"

（子路说："卫国国君等您去搞政治，您先做哪件事？"孔子说："那一定是订正各种名分了。"子路说："真是这样吗？您太迂腐了。干什么去订正名分？"孔子说："真粗鲁呀，子路！君子对于自己所不知道的，就应保持沉默。如果名不正，说话就不顺当；说话不顺当，就搞不成事情；搞不成事情，礼乐就复兴不起来；礼乐复兴不起来，刑罚就不会恰当，刑罚不恰当；老百姓就不知道应该如何行为；活动。所以，君子订正了名分就一定能够说话，说的话就一定能够执行。君子对于自己所说的话，不能有一点随便马虎。"）

(13.3)

孔子不仅详细地解释了正名的重要性，还告诉我们如何去正名。

子曰："苟正其身矣，于从政乎何有？不能正其身，如正人何？"

（孔子说："如果端正了自己，搞政治有什么困难？如果不能够端正自己，又怎么能够去端正别人？"）（13.13）

正名就是要从自己做起，先把自己的缺点改掉，让自己成为模范。如果自己不正，就不可能正好别人，因为"其身正，不令而行；其身不正，虽令不从。"如果我们都能从自己做起，就能改变我们周围的人，社会上的风气也会慢慢变好。

季康子问政于孔子曰："如杀无道，以就有道，何如？"孔子对曰："子为政，焉用杀。子欲善，而民善矣。君子之德风，小人之德草，草上之风，必偃。"

（季康子问如何搞政治，对孔子说："如果杀掉坏蛋，亲近好人，怎么样？"孔子说："你搞政治，为什么要用杀人的办法？你如果想做好人，老百姓也就会跟着好起来。君子的道德像风，老百姓的道德像草，草随风倒。"）（12.19）

另外，孔子提醒我们从自己的立场来看问题时要避免4种不好的倾向：毋意、毋必、毋固、毋我。

子绝四：毋意、毋必、毋固、毋我。

（孔子断绝了四种毛病："不瞎猜，不独断，不固执，不自以为是。"）（9.4）

毋意是在寻找问题的真正原因或在解决问题时，不要自己想当然，不能有先入为主的观念。主观臆断往往偏离事实，这样无助于解决问题。我们要脚踏实地，要从现实、现场、现状、现物（实物）出发，按照客观事物来说话行动，以寻找问题的真正原因和解决方法。

毋必是不要必须那样做。在现实的生活中，有很多情况因为制约条件和立场等原因，即便是同样的问题，场合不同，解决问题的方法也不一样，需要根据实际情况找到最佳解决方法。比如，在执行计划时，现场有时并不能按照原来制订的计划执行，需要根据现场的具体情况调整或改变计划，这时不一定要按部就班地按照原来的计划执行。执行计划的本质是以最好的方法解决问题，在不能按照原来的计划来完成时，可以做一些调整，只要能解决问题就可以。

子曰："君子之于天下也，无适也，无莫也，义之与比。"

（孔子说："君子对待天下各种事情，既不存心敌视，也不倾心羡慕，只以正当合理作为衡量标准。"）(4.10)

毋固是不要拘泥于一件事，一个原理，一个方法，一个固定的模式。不要以前那样做了，现在也要这样做。社会都是在变化的，不可能一直用同一个固定的方法来做事和行动。曾经看过一个节目，一家大型汽车公司的董事长去下属一个分厂工场视察，视察过程中发现工场的一个工程设备配置已经过时。他就问工场的负责人，说这个工程的配置是什么时候建成的。负责人说是30年前建成的。他又问，那你们有没有改过这个工程的配置。工场的负责人说没有。董事长说，这个工程是30年前建的，这是30年前的做

法，也说明你们现在也是 30 年前的思想和水平，停留在 30 年前没有提高！环境不一样，做事的思维方式肯定不一样，做事的方法要根据环境改变，不可能一成不变。

达尔文在生物进化论中也说过，在生物界，不是最强的，也不是最聪明的生物能生存，而是最能适应环境的生物能生存。这就是说，做事不要一成不变，要随着环境的变化而变化，不断改善以适应环境。

毋我是不要以自我为中心，不要只看见自己，看不见别人。以自我为中心的人，往往只看见自己的好处或长处，看不到周围的人，看不到世界，对其他即使与自己相关的事物也视而不见。比如，"我爸是××"、炫富等现象。这些都是只沉浸于自己的空间，只看到了自己的世界，而看不到其他。

从原点出发也就是从自己的立场出发，把自己在系统中的位置定位，把自己的责任和义务确认好，完成自己在系统中相应的权利和义务。这不是以自我为中心，不是自私。这与以自我为中心完全不同，以自我为中心只有自我，不考虑自己在系统中的地位和责任以及目的。而这些都偏离了自己的原点，迷失了自己在系统中的位置以及目的。

一个学弟曾经跟我讲过他的真实经历。他有一次在老家和同学聚会喝酒，在服务员端上一碗汤时，他看到饭店服务员的大拇指在汤碗里。

他对服务员说："你的手放在汤里了。"

服务员却回答："不烫，汤不热。"

学弟说，当时他听呆了，因为这个回答太意外了。他只是想告诉服务员不要把手放进碗里，这汤是他们将要喝的，把手放进去后

让他们怎么喝。但服务员只想到自己的手，没有意识到自己的动作已经给顾客造成了不快。

在这个回答中能看到很多的信息，其中有服务员的问题意识、服务员的辛酸，还有饭店管理等问题。但有一点必须要强调，这个服务员以自我为中心，生活在自己的世界里。她没有意识到客人来饭店的目的，没有意识到自己在工作中所应该负的责任，也没有意识到饭店所应该尽到的职能和目的。她缺少问题意识，没有从他人立场上考虑问题，没有意识到自己的行动会对别人造成什么样的影响。

他人的立场

除了自己的立场，我们还需要从旁人、别人、他人的立场来看世界。

> 子贡问曰："有一言而可以终身行之者乎？"
> 子曰："其恕乎！己所不欲，勿施于人。"

（子贡问道："有一句话可以一生遵循的吗？"孔子说："大概是'恕'吧：自己所不想要的，便不要给予别人。"）（15.24）

"恕"是站在别人的角度考虑问题或事情，而这对人的一生非常重要。一个人生活在这个世界上，肯定是要和别人相处的。在和别人相处时，有人可能觉得我是我，别人是别人，我做我的事，他做他的事，基本没有什么关系。但是，这种想法无视了我们所依赖的社会这个隐形的系统。每个人都是社会的一部分，而且系统中的每一个人都有一个共同目的：过美满幸福的人生，这同时也是社会的目的。因此大家都彼此联系，在一个共同体下生活，如图6-6所示。系统中的每个人过得好也意味着整个社会系统好。反过来说，如果整个社会系统好，那在社会中的每一个人也就过得好，过得幸福。

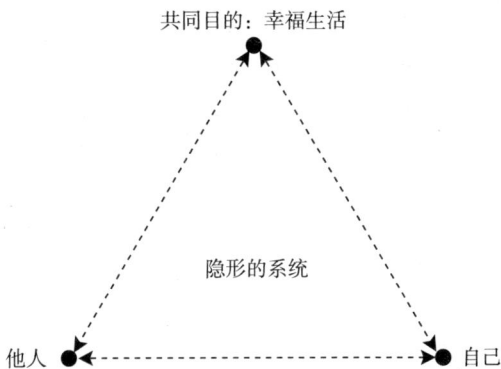

共同目的：幸福生活

隐形的系统

他人　　　　　　　　　　　　　　自己

图6-6　自己和他人的关系图

社会系统是由很多个小系统组成的，每一个具体的小系统都有自己的目的，而这些目的都是为了完成社会的某种功能、提供社会的某种需求而存在的，这些小系统合在一起构建成整个社会的功能。

在每一个系统中，系统的组成可能都不一样，而且每个人的角色或立场不同，相应的职能和任务也不同，但大家有一个相同的目的，就是共同完成这个系统的目的，共同把这个系统的职能做好。

比如，在饭店这个系统中，顾客和服务员因立场和需求不同而在系统中扮演着不同的角色，完成各自不同的系统任务和职能。服务员的职能是为客户提供服务，从而承担相应的职能和工作内容。

顾客享受服务的同时为服务付出相应的费用。饭店系统的基本功能就是要满足顾客的需求，而这个目的的完成是需要通过服务员和顾客的共同合作来完成的。

　　去饭店吃饭是一次性的服务，就餐完毕后，顾客和服务员的双方联系也就随之结束。但从更广的视点来看，假如饭店服务员在工作之余去百货店买衣服，则在百货店的系统中，饭店服务员就成为了服务的享受方，而百货店里的服务员则成了服务的提供方。也就是说，在某个系统中自己可能是服务的提供方，但在另外一个系统中，自己可能变成服务的享受方，如图6-7所示。整个社会就是由这样无数个子系统构成的，而自己和他人就这样联系在一起。从这个意义上说，自己是服务提供方的同时也是服务的享受方，即同时有两种立场和角色。因此，我们可以说完成自己的需求和目的就是完成他人的需求和目的，而完成他人的需求和目的就是完成自己的

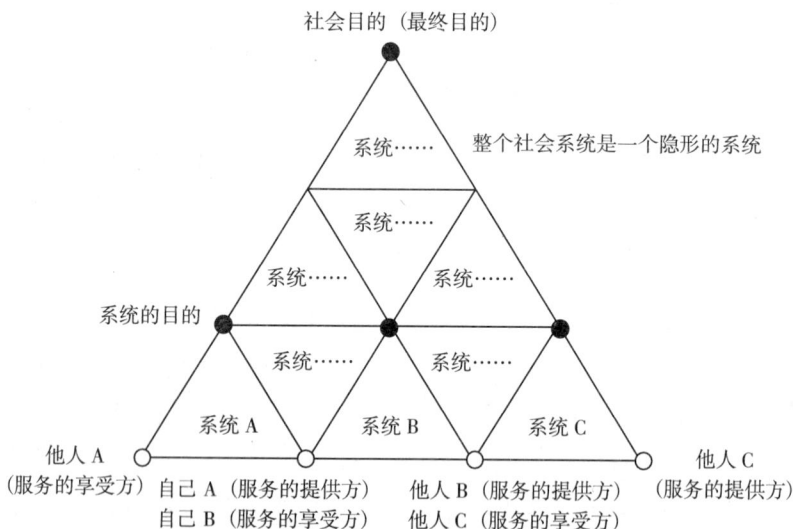

社会目的（最终目的）

整个社会系统是一个隐形的系统

系统……

系统……

系统……　　系统……

系统的目的

系统……　　系统……

系统A　　系统B　　系统C

他人A
（服务的享受方）　自己A（服务的提供方）　他人B（服务的提供方）　他人C
　　　　　　　　自己B（服务的享受方）　他人C（服务的享受方）　（服务的提供方）

图6-7　隐形的社会系统下自己和他人的关系图

需求和目的。

他人与自己不是没有关系，而是生活在一个共同体下，有着相同的目的和立场。只不过，在自己和他人的系统中，因各自的立场、目的和需求不同，并不容易看出彼此之间的联系和共同目的。

另外，大部分人可能只从事一份工作（服务的提供者），但却是很多个子系统的服务对象（服务享受者）。只要社会上的每一个人把自己的工作（一个工作）做好，那他就能享受到无数个好服务。所以说，如果每一个人都把自己的工作做好了，负责到位了，那整个社会就是一个健康幸福的和谐社会。

从上面的解释可以看出，"恕"不是单方向而是双方向的。我们把饭店系统中提供服务的过程大致分为 8 个步骤，以饭店系统为例说"恕"的双方向，如图 6-8 所示。

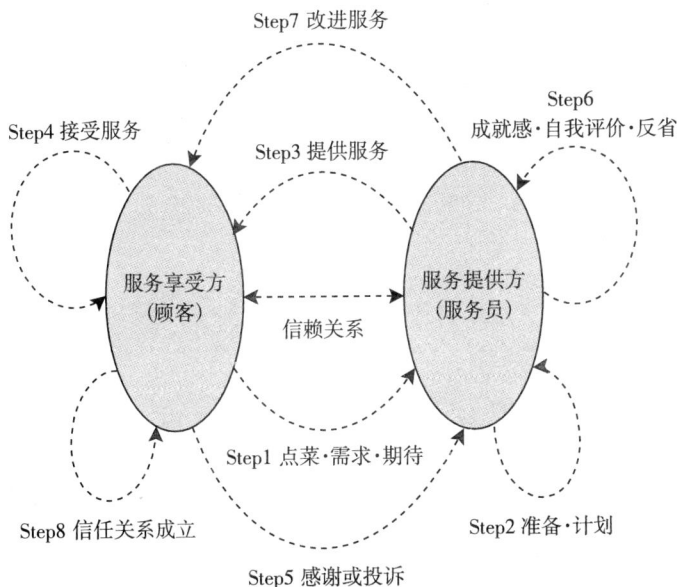

图 6-8　饭店服务过程图

Step1：顾客进入饭店，跟随服务员走到座位上，点菜，说出自己的需求。这个过程包括了顾客对所点的菜和所需要的服务的期待。从这一步骤我们可以看出，在饭店系统中，如果没有顾客的存在，也就没有饭店的存在。同样，反过来说，没有饭店的存在，顾客也享受不到饭店的服务。这是一种相互依存的关系。

Step2：饭店按照顾客的要求去准备做菜。在从接到点菜单到上菜的期间，厨师考虑顾客的口味、爱好等来调菜的味道。

Step3：服务员把饭菜等端到桌子上，让顾客享用。在上菜这一步骤里，服务员要注意自己的动作和态度，而客人也要适当配合。双方都要持相互尊重和相互理解的态度。

Step4：顾客接受服务，品尝饭菜。顾客需要感谢饭店提供饭菜，同时饭店感谢顾客光顾，这是一个相互感谢的环节。

Step5：顾客反映意见，或者感谢，或者提出不满。这是一个双方相互交流的中心环节。

Step6：针对顾客的意见，店方作自我评价和反省并及时做回复。在这里，店方要理解顾客的意见，而顾客也要站在店方的立场上理解店方的回复。此步骤重在店方和顾客的相互理解。

Step7：店方改善和改进服务。店方要听取意见，然后去改善和改进服务，为顾客提供更好的服务。这是一个顾客和饭店相互发展及相互创造的环节。

Step8：顾客用餐，对评价得到回复后感到满足，双方的信任关系成立。如果顾客不信任这家饭店，那不仅自己不会来了，还有可能告诉朋友和家人也不要来。一传十，十传百，这家饭店就会因经营不善而倒闭。同样，如果饭店不信任顾客，那也就不会提供好的服务给顾客，也不可能虚心听取顾客意见，这样顾客就不会得到

满意服务。因此，可以说是一种相互信任的关系。

整个过程通过双方的交流而完成，建立在相互信赖、相互依存、相互帮助、相互尊敬、相互感谢的基础上，并得以相互发展、相互创造。因此，顾客和店方的所有人员都不是单独的，而是相互联系、相互作用的。

因为饭店是人为人服务的系统，所以在上述过程中要特别强调店方和顾客相互尊敬的关系。顾客和工作人员的主观交流贯穿始终，双方的态度对整个过程的顺利进行有重要作用，而这就是人与人的相处关系。

可能有顾客觉得，我消费了，我是上帝，店方尊重我理所当然，我还需要注意什么态度？

在这里想说的是，服务享受方受到的尊重不是通过对服务提供方的不尊重来体现的，而是通过服务提供方的自主的态度和行动表现的。服务员在工作时的态度、语气、心情等会因顾客的态度而变化，一旦服务员的心情不好了，那表现出来的服务可能就不一样。毕竟饭店服务是人为人服务，说到底还是人与人的相处。

在马斯洛的需求五阶段里，在人的需求中，自我实现的欲望占最高位，其次是受尊重的欲望，而这两种欲望恰恰能在工作中得到最大体现。不难想象这两种需求得不到满足时服务员会提供什么样的服务。因此，可以说相互尊重是店方和顾客非常重要的关系，也是饭店系统中的一个重要环节。

因为需求和欲望因人而异，店方或服务员提供的服务和顾客的标准有出入。如果提供的服务水平高，则顾客会认可，这是没有问题的。如果店方或服务员虽然是用心在做事，但提供的服务满足不了顾客标准，这时，顾客的不满和意见是非常重要的反馈。按照反

馈去调整服务质量，从而取得顾客的信任，就能做到良性循环。作为顾客而言，需要站在饭店的立场，客观、中肯、善意地评价，而不是一味地指责。饭店需要虚心地、客观地接受顾客的意见，然后去改善服务。这是相互交流、相互理解、相互发展和相互创造的关系。只有这样的良性循环，才能提高整体服务水平，才能让顾客享受好的服务，最终有一个好的社会环境。

总而言之，"恕"是双方向的，不是单方向的，不是服务提供者的单方努力。这种理解可以在孔子回答定公的问题时可以看到。

定公问："君使臣，臣事君，如之何？"孔子对曰："君使臣以礼，臣事君以忠。"

（定公问道："国君使用臣下，臣下事奉国君，应该怎样？"孔子说："国君使用臣下，要合礼；臣下事奉国君，要忠诚。"）(3.19)

如何实现"恕"也是非常重要的一个课题，下面从系统的视点探讨如何实现恕。如图6-9所示，我们主要从目的、硬件、软件和人（包含系统的对象和提供方）4个方面去解释如何站在他人的立场上考虑问题，即如何实现"恕"。

"恕"首先考虑系统的目的定位在什么层次，层次不同，系统提供的服务和展现的功能不同。目的定位好了之后就要考虑系统的对象，以及为了完成目的所需的人力（即系统的提供方）、硬件和软件。下面以公共交通系统为例解释实现"恕"的方法和途径。

笔者每次从海外回家时，都是在PD国际机场下，坐地铁到亲戚家住一晚，第二天再回家。但机场到亲戚家离得很远，而且没有直达的地铁，需要换车，而且在换车时，要走很长一段路。大家都

最终目的

目的 3

目的 2

硬件　　　　　　　软件
目的 1
系统对象（顾客）　系统的提供方

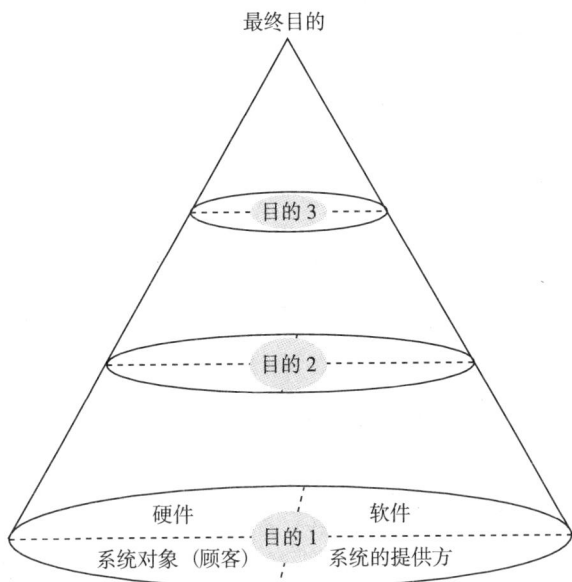

图 6-9　实现"恕"的方法图

知道中国人好久不回家，回家一般要带一些礼物给家人或者朋友的。所以一般情况下是能在飞机托运行李的极限下装满行李，往往是手拎两个大包，背上还要背一个包，全部加起来快 100 斤的行李。问题是，在换车时，要上下楼梯，而地铁站内往往没有升降电梯（或许是没有找到）。手提两个大包走楼梯不是一件容易的事，每次都累得一身大汗。还有的地铁站的入口很高且没有电梯，要爬很高的一段阶梯才能进地铁。每次狼狈不堪地扛行李爬楼梯时都会纳闷：为什么不设一台升降电梯？每站一台就够了。

地铁站内厕所少也是一个问题。凡到过的地铁，笔者都会留意车站有无厕所，最后发现地铁站内很少有厕所，有的连站外也没有厕所。不知道肚子不舒服，或者一直在外没地方"方便"的人如何解决"方便"的问题。在网上看到过有关小孩在地铁里大小便的报

道，这当然和家长出门前的准备工作有关，但另一方面地铁里找不到厕所让小孩"方便"也是一个很大的问题。

某些城市的地铁甚至连挡雨设备也不健全。有一次约朋友在某一城市的地铁车站出口见面，偶然发现该地铁站的出口竟然没有挡雨的设施（从地铁到地上的通道上方没有挡雨设施）。在南方，碰到梅雨或夏季的暴雨，雨水直接下到地铁站内，把站内的地面弄得又湿又滑，乘客容易滑倒，或者甚至会出现地铁排水问题。

以上所述的问题可能只是设计上的问题，但设计背后是人的意识，没有一种好的问题意识是设计不出好的作品（地铁的），没有站在他人的立场上考虑问题也是很难设计出好的作品或产品的。也就是说，作品或产品的背后隐藏着人的意识，即需要站在使用者的立场（他人的立场）来考虑问题，而不仅仅是从提供者或设计者的立场来考虑问题。如何站在他人的立场考虑问题？

地铁的最基本功能是运输人员。如果我们只是把视线放在这个最基本的交通运输的目的上，不考虑乘客的满意度，那么乘客都是一样的，并不要把他们区别开来。与此相对应的硬件和软件也只需完成运输人员这个最基本的目的就可以了，如图 6-10 所示。

在运输人员这个目的层次，地铁只完成了作为交通机构的职能，并没有达到满足乘客满意度的更高层次的目的。

如果把地铁的目的提高到乘客的满意度，就会站在乘客的立场考虑乘客心理和生理上的问题，而不仅仅停留在运输的层面。

一旦把目的提升到乘客的满意度，则与之相应的人、硬件、软件都会发生变化，如图 6-11 所示。如果要想让乘客有一个舒适的乘坐环境，方便乘客的出行，就要细分乘客，要清楚有哪些乘客。

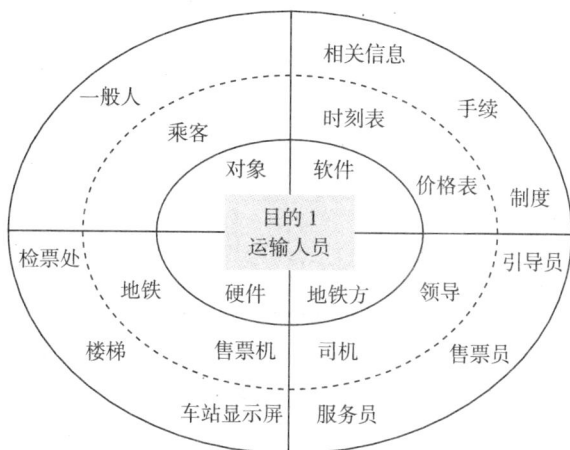

图 6-10　地铁系统最基本目的的构成图

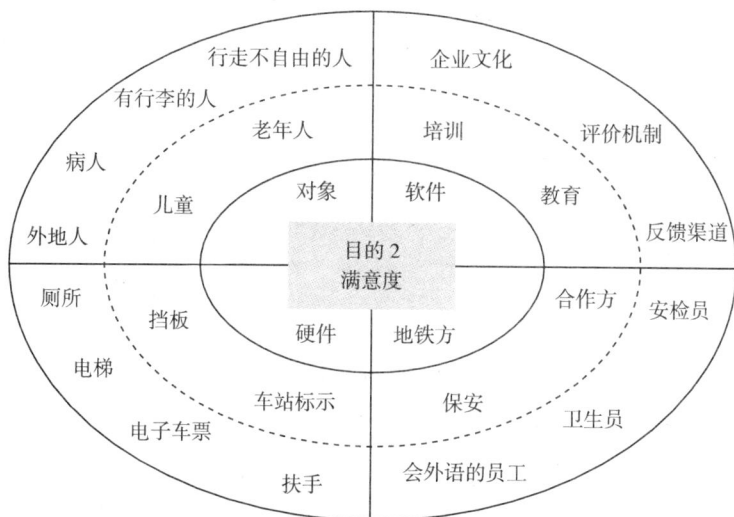

图 6-11　乘客满意度的地铁系统构成图

乘客有各种各样的人，有年轻的，年纪大的，本地的，外地的；有的人对地铁很熟，有的人是第一次乘坐；有的人身体好，有

的人身体差，有的人体力充沛，而有的人刚下班很累；有的人没行李，有的人有行李；有的人是一个人，有的人抱小孩；有的人眼睛好，有的人眼睛不好看不清标志；有的人不认得字，也有的人不会说普通话，还有不会说中文的外国人；等等。

在分好乘客群之后，针对各个乘客群的需求看地铁所要具备的职能，即需要考虑好相应的硬件和软件。比如腿脚不方便或身体虚弱的乘客，有行李或有婴儿车的乘客因为他们走动不便，在有楼梯的地方就需要配置一台升降电梯。还有，如果从乘客的生理需求来看，每一个地铁站都应该至少配有一个厕所和明显表示厕所位置的标志，厕所里还需要有方便坐轮椅的乘客或带小孩的乘客的各种配置。

只有把地铁系统的目的提高到乘客的满意度，才能细分乘客，才能针对各个乘客群的需求设计相应的硬件和软件，以及提供服务的人力资源。只有这样才能让地铁的环境舒适便利。

在日常生活或工作中，我们都非常喜欢聊天，从身边的生活到国家大事或世界大事，都在发表着自己的意见和思想。这样不是不好，只是在自己的本职工作中更需要的是从对方的立场出发，从对方的立场思考，特别要对细节努力思考、仔细想想，即"细想"。"细想"可能在日常的工作生活中更有用，因此在日常生活中，也许我们需要的不是大思想家，而是更多的"细想"家。

社会的立场

"恕"站在他人立场考虑问题时的一种理想状态是互惠、双赢的关系。但这种双赢关系要有一个前提，就是要有社会贡献，要对社会有所贡献。或者说，狭义的双赢存在一定的局限，就是没有考虑到社会贡献，没有从社会的立场考虑问题。

贪官和奸商的合作，可能对他们来说就是双赢，但对社会和国家来说，却是损失或灾难。大桥倒塌、管道破裂、公路坍塌等公共设施的质量问题大部分就是所谓的他们双赢的结果。

因为社会这个大系统隐藏在我们背后，往往被忽视，我们在解决问题时，不仅仅要从个人和对方的角度，还要从社会角度去考虑问题，如图 6-12 所示。

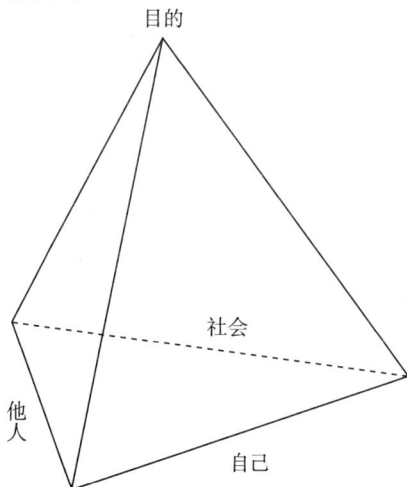

图 6-12　系统的 3 个角度

这也是孔子强调的：在考虑个人的荣华富贵之前，要有社会这个大前提，要从社会的立场出发考虑问题。

宪问耻。子曰："邦有道，谷。邦无道，谷，耻也。"

（原宪问什么是耻辱？孔子说："政治清明，领薪水，政治不清明，领薪水；这就是耻辱。"）（14.1）

如果这个地区或社会秩序混乱、风气不好、不讲信用、相互欺骗、乌烟瘴气，那在这种环境下，即便你赚了钱，这个钱也可能不是正当得来的，或者可能在某个环节牺牲了社会和人民的利益。如果是这样，孔子会觉得这样做是可耻的。

这里有一个前提，即自己的财富和地位应建立在社会的基础上。如果社会不好，则个人的财富和地位就可能有问题，这可能不是用正当的手段得来的，也就是孔子会觉得可耻。因此，要从社会的立场来考虑问题，因为自己的富有是与社会有关系的。

孔子对社会的风气、文化、价值观的重视也体现出他站在社会的立场考虑问题。

子曰："德之不修，学之不讲，闻义不能徙，
不善不能改，是吾忧也。"

（孔子说："品德不培养，学习不探究，知道道理不去实行，不好的地方不能改正，这是我所忧虑的。"）（7.3）

如前所述，社会存在决定社会意识，也可以说，作为社会一部分的个人行为会影响社会上其他人的意识。个人的行为在很多场合可以归结为个人的素质、性格、个性等原因，但有不少个人行为会对社会产生深远影响，如"GMM事件"、"小悦悦事件"等。因此，在一定程度上，个人行为也要从社会的角度去理解。看到老人倒地不扶，不给需要坐下来的人让座，看到危害社会的行为不去抵制，看到自己的缺点不去改正等虽然都是个人行为，但这些行为和思想最终会影响到社会。

世界的立场

　　如果把社会的范围再扩大一点，那就是世界了。随着通信科技、全球化的不断发展，地球已经成为地球村了。在一个国家发生的事可能在很短的时间内传遍世界。个人的一个小小的行为在某个时机下会影响到整个社会，甚至整个世界。因此，我们在思考和解决问题时还需要从世界的角度看问题，如图6-13所示。

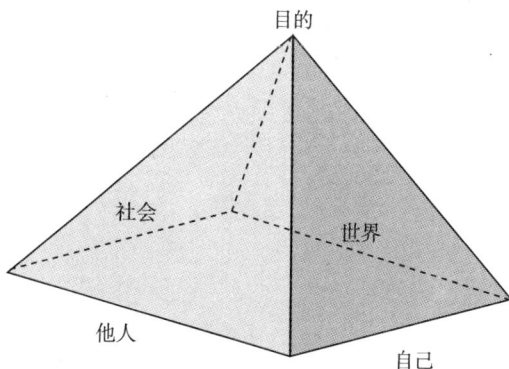

图6-13　孔子看世界的4个角度

2008 年发生在中日两国之间的"饺子事件",是很值得让我们深思的一个问题。当事人可能只是对自己的待遇不满,想要报复一下公司,发泄一下自己对公司的不满。但他可能没有想到,他的行为举动却影响到了中日两国之间的关系,影响到中国产品的信任问题。

当时,恰好一些中国产品在出口海外时出现了质量问题,被海外的一些媒体大肆宣传,"饺子事件"出来后更是被海外媒体乘势大做文章。在没有发现问题的真正原因之前,中日双方都无法解决这个问题。以至于海外媒体愈演愈烈,大肆宣传中国产品不负责任、不值得信赖。结果使很多日本人都不敢吃中国制造的食品,只有在日本的中国人买中国的食品。谁也想不到问题会以个人投毒这种戏剧性的结尾收场。但中国产品要花多少精力、时间去改变日本人对它的印象?这应该是投毒当事人要考虑到的问题。

再比如前几年的"GMM 事件",对当事人而言可能只是一个玩笑,一个恶作剧,一个炒作,但整个事件的发生却让整个社会对国内的一些慈善机构产生信任危机,结果影响了中国的慈善事业的健康发展。更糟糕的是又让国外的一些媒体对此大肆宣扬,抹黑中国慈善事业的形象。

除了国际关系和国际影响,现在工业污染也同样成为一个国际性问题。因为工业的快速发展,人类创造了一个不可思议的方便的社会,但同时,科技的另一面也在悄悄地影响着我们的生活。工业废水被排入河流,最终流向大海,这不是一个国家的事,绝大部分的其他国家的工业污染废水也都是最终排放到海里的。比如东日本大地震以后,核污染水是直接排放到大海中去的。而大海又彼此相

连，这边的污染不知道什么时候就会移到那边，给全世界的人都带来了工业污染和核污染。

假如整个海洋都被污染之后，人类将如何生存？也许有人可能觉得这个假设是杞人忧天。海那么大，会有什么问题？这些人可能忘了前几年发生的太湖蓝藻事件。太湖是望不到边的，水也一直在流动，但最后整个太湖都出现了大的问题。这不是一两天的变化，而是一个由量变到质变的过程。质变之前的变化，我们只是没有注意到，但这并不等于变化不在进行。

海洋的污染问题也是一样，因为海洋太大了，我们对它太有自信，对它的一点点伤害，一点点的污染都可以说是微不足道的。但大家别忘了，对它的一点点的伤害也是伤害，污染也是污染，只不过这个量变更加小、更加不容易被察觉。但同样，一旦污染造成的变化到了被发现或察觉的程度，也许那时的变化已经到了质变的程度了，那时再去解决问题可能就非常困难了。

不仅是污染的问题，能源也是一样。现今世界上发生的战争很多是为了争夺能源，但在日常生活中，我们却在无形中浪费着各种能源。比如，有些人认为只要不是自己的，是公司的或公家的能源，就可以浪费。还有饭店和食堂里剩下的食物，或者便利店中过期的食物都被扔掉，但废弃或浪费的食物，是消耗了很多的能源才生产出来，却这样轻易浪费掉了。因此，能源危机背后隐藏的是人类无限膨胀的欲望和生活方式，这与我们每一个人都有关。

二氧化碳的问题，即全球变暖问题也同样如此。人类在地球这个巨大的系统中，谁也逃脱不了。如果我们站在世界或者人类的立场考虑问题，应该能找到更多、更好的解决问题的答案。

综上所述，我们在处理问题时，不仅需要从个人的角度和他人的角度考虑，还要从社会和世界的角度综合考虑。也就是说我们要把平时常说的"双赢"扩大成"四喜"，即从自己、他人、社会、世界4个角度去考虑和解决问题，要让四方得到各自满意的、喜欢的结果。

参考文献

［1］齋藤嘉則. 問題発見プロフェッショナル―「構想力と分析力」［M］. 东京：ダイヤモンド社，2001.

［2］史文珍. 孔子論的問題解決アプローチの開発及び地域包括ケアシステムへの応用に関する研究［D］. 愛知工業大学博士論文，2014.

［3］傅永聚. 20 世纪儒学研究大系［M］. 北京：中华书局，2003.

［4］李哲厚. 论语今读［M］. 天津：天津社会科学院出版社，2007.

［5］史文珍. システムづくりにおける孔子的問題意識に関する一考察［J］. 愛知工業大学経営情報科学，2013，8（2）.

［6］史文珍，山本勝. 孔子思想に基づいたシステムズ・アプローチの一考察［J］. 日本経営診断学会論集，2012（12）.

［7］赫伯特芬格莱特. 孔子即凡而圣［M］. 彭国祥，张华译. 南京：江苏人民出版社，1988.

［8］黄梓根，张松辉. 老子与中庸思想论析［J］. 新视野，2007

（4）.

[9] 孔子诞辰 2540 周年与学术讨论论文集 ［M］. 上海：生活·读书·新知三联书店，1992.

[10] 坂井克之. 心の脑科学—「わたし」は脑から生まれる ［M］. 东京：中央公論新社，2008.

[11] 彼得·圣吉. 第五项修炼 ［M］. 北京：中信出版社，2009.

[12] 池上直己. ベーシック医療問題 ［M］. 东京：日本经济新聞出版社，2010.

[13] 西岡常一. 木に学べ一法隆寺·薬師寺の美 ［M］. 东京：小学館，2003.

[14] 山本勝. 保健·医療·福祉の私捨夢（システム）づくり ［M］. 东京：篠原出版新社，2009.

[15] 钱穆. 论语新解 ［M］. 北京：生活·读书·新知三联书店，2005.

[16] 潘乃樾. 孔子与现代管理 ［M］. 北京：中国经济出版社，1994.

[17] 于丹. 于丹《论语》心得 ［M］. 北京：中华书局，2006.

[18] 傅佩荣. 孔孟与现代人生 ［M］. 北京：北京理工大学出版社，2011.

[19] 郝大为，安乐哲. 孔子哲学思微 ［M］. 南京：江苏人民出版社，1996.

[20] 南怀瑾. 论语别裁 ［M］. 上海：复旦大学出版社，2005.

[21] 匡亚明. 孔子評传 ［M］. 南京：南京大学出版社，1990.

[22] 趙鈴鈴. 孔子的人生"時化"聖教 ［J］. 国際儒学研究，2011（17）.

［23］子安宣邦. 思想史家が読む論語［M］. 东京：岩波書店，2010.

［24］金谷治. 論語［M］. 东京：岩波書店，1999.

［25］永井輝. 儒学復興——現代中国が選んだ道［M］. 东京：明徳出版社，2012.

［26］山本勝. 保健・医療・福祉のシステム化と意識改革［M］. 东京：新興医学出版社，1993.

［27］吉田賢抗. 論語［M］. 东京：明治書院，1988.

［28］貝塚茂樹. 孔子・孟子［M］. 东京：中央公論新社，1978.

［29］楊先挙. 孔子マネジメント入門［M］. 祐木亜子译. 东京：日本能率協会マネジメントセンター，2010.

［30］大枝秀一. 問題と問題意識とに関する哲学的評注［J］. 哲学，1977（1）.

后　记

　　孔子式问题意识构造是笔者的博士论文《有关孔子式问题解决体系的开发及其在社区综合护理系统中的应用研究》（孔子論的問題解決アプローチの開発及び地域包括ケアシステムへの応用に関する研究）中提出的构想，本书在此基础上加以日常生活中的事例作详细说明。孔子式问题解决体系包含五个组成部分，而问题意识构造是其中之一。问题意识是问题解决的第一步，也是非常重要的一步。之后将陆续推出孔子式问题解决体系的其他组成部分。

　　本书的顺利完成，受益于笔者的恩师——博士指导教授山本胜。在博士和博士后的4年里，山本胜老师在研究课题、研究方向、研究方法、论文写作、论文发表、应用研究、共同研究等学术方面，以及日常生活的方方面面都给予了极大支援，为笔者创造了全身心投入的学习研究环境，在此表示衷心感谢。没有山本胜老师的指导和领路，就没有本书。另外，非常感谢爱知工业大学前副校长铃木达夫教授，以及爱知工业大学研究生院院长近藤高司教授、小田哲久教授等相关人士，他们为笔者提供了非常宽松、自由的研究环境。

另外，感谢经济管理出版社的各位老师，尤其是杨国强老师，正是他们的精心编辑加工，本书才得以顺利面世。杨老师的工作态度以及效率非常让人敬佩。

最后，要感谢自己的家人，特别是妻子汪宇，她不但牺牲了自己的研究时间对本书进行修改和检查，还对本书提出了很多宝贵的意见。可以说，本书有一半是她的功劳。